少年中国学会研究
——基于马克思主义中国化的历史审视

SHAONIAN ZHONGGUO XUEHUI YANJIU
— JIYU MAKESI ZHUYI ZHONGGUOHUA
DE LISHI SHENSHI

张曼 著

四川大学出版社
SICHUAN UNIVERSITY PRESS

项目策划：梁　平
责任编辑：陈克坚
责任校对：杨　果
封面设计：璞信文化
责任印制：王　炜

图书在版编目（CIP）数据

少年中国学会研究：基于马克思主义中国化的历史
审视／张曼著．— 成都：四川大学出版社，2022.3
ISBN 978-7-5690-5074-5

Ⅰ．①少… Ⅱ．①张… Ⅲ．①社会团体－研究－中国
－现代 Ⅳ．① C232

中国版本图书馆 CIP 数据核字（2021）第 215149 号

书名　　少年中国学会研究——基于马克思主义中国化的历史审视

著　　者	张　曼
出　　版	四川大学出版社
地　　址	成都市一环路南一段 24 号（610065）
发　　行	四川大学出版社
书　　号	ISBN 978-7-5690-5074-5
印前制作	四川胜翔数码印务设计有限公司
印　　刷	四川盛图彩色印刷有限公司
成品尺寸	170mm×240mm
印　　张	10.75
字　　数	229 千字
版　　次	2022 年 3 月第 1 版
印　　次	2022 年 3 月第 1 次印刷
定　　价	55.00 元

◈ 读者邮购本书，请与本社发行科联系。
　　电话：(028)85408408/(028)85401670/
　　(028)86408023　邮政编码：610065
◈ 本社图书如有印装质量问题，请寄回出版社调换。
◈ 网址：http://press.scu.edu.cn

四川大学出版社
微信公众号

前　言

　　马克思主义中国化的研究包括历史进程的研究。从马克思主义进入中国人视线到马克思主义被中国人选择再到中国人自觉地将马克思主义与中国实际进行结合，历史的每一步前进都包含着无数的细节。马克思主义本身包括丰富的内容，其进入中国的文化场有着多条渠道，近代中国社会复杂多变，所有的这一切都使得马克思主义与中国实际结合的中国化进程异常曲折和艰辛。五四运动犹如一声春雷，炸醒了中国社会，五四运动之后，马克思主义被越来越多的中国人认同，中国革命开启了崭新的阶段，从此以后，无论是中国还是马克思主义在中国的境遇都发生了巨大的变化。

　　五四运动前后，身处内忧外患的社会环境，青年知识分子救国救民的热情高涨，结成社团、联合奋斗的思想屡见报端，很多青年社团随之涌现，很多青年同时参加不同的社团，很多社团成为马克思主义的密切关注者或传播者。五四时期的这些社团反映着那一时期人们的思想状况，它们与马克思主义或多或少的联系暗示着它们最终的思想走向。要勾勒出那一时期社会的总体思想脉络，五四时期的社团是一个切入口。少年中国学会是五四时期存在时间最长的社团，中国最早的马克思主义者李大钊是其发起人之一，毛泽东、恽代英等在成为中国共产党党员之前都曾加入这个社团，这充分说明了在马克思主义中国化的历史进程中少年中国学会发挥了积极的作用。

目　录

绪　论

2019 年习近平总书记在纪念五四运动 100 周年大会上的讲话中指出，"五四运动，爆发于民族危难之际，是一场以先进青年知识分子为先锋、广大人民群众参加的彻底反帝反封建的伟大爱国革命运动"①。"先进青年知识分子"是五四运动的主角之一，也是近代中国转型的重要推动者，他们的影响力和感召力不仅体现在运动前和运动中，也体现在运动后，"'五四'以来，学界的自由思想风起云涌"②。回顾那段以五四运动为伟大开端的波澜壮阔的历史，吸引人的内容不计其数，但在当时多元且复杂的社会思想格局中，在青年知识分子激烈且坚决的思想斗争中，马克思主义的突围值得深思。五四运动以轰轰烈烈的方式涤荡人们的思想，同时开启了广大青年探寻中国未来前进道路的新征程。1919 年 7 月毛泽东写道："我们关在洞庭湖大门里的青年，实在是饿极了！我们的肚了〈子〉固然是饿，我们的脑筋尤饿！"③ 1922 年恽代英写道："世界在今天正在激变的潮流中，我们大都是正富于吸取力的青年，所以我们的思想激变得更厉害。"④ 国家的危难、民族的沉浮、现实的黑暗唤醒了青年知识分子强烈的社会责任和家国情怀，也激发了他们改造世界的极大动力与智慧，经"五四"洗礼的新青年们开始以自己的方式探寻国家突破困局的新途径。组建社团在当时青年中具有一定的普遍性。"近日京中学会、学社之发生，正如方春草木，万卉勾萌"⑤，在那一时期的各种社团中，少年中国学会不能被忽视，其无论是参加人数还是存续时间，都是其他社团所不能比拟的。少年中国学会内部曾有过关于"主义"的激烈争论，作为一个组织，少年中国学会最终没有选择马克思主义为成员共同信守的"主义"，但在学会成员间的思想

---

① 习近平：《在纪念五四运动 100 周年大会上的讲话》，人民出版社，2019 年，第 2 页。
② 中国李大钊研究会：《李大钊全集》（第三卷），人民出版社，2013 年，第 217 页。
③ 中共中央文献研究室、中共湖南省委《毛泽东早期文稿》编辑组：《毛泽东早期文稿》（一九一二年六月——一九二〇年十一月），湖南人民出版社，2008 年，第 304 页。
④ 恽代英：《恽代英文集》（上卷），人民出版社，1984 年，第 327 页。
⑤ 中国李大钊研究会：《李大钊全集》（第一卷），人民出版社，2013 年，第 468 页。

交流与论争中，一些先进青年知识分子最终完成了自己的"主义选择"，坚定地走向了马克思主义，这些人中就包括李大钊、毛泽东、恽代英，他们的选择与马克思主义的中国化进程密切相关。可以说，五四时期是青年知识分子思想激荡与变革的重要时期，是研究马克思主义中国化进程不可轻视的起步时期。但是从目前的研究成果来看，基于少年中国学会这一五四重要社团考察马克思主义中国化历史进程的研究并没有得到充分的重视和展开。

马克思主义的历史合力论认为，历史的结果往往是由各种相互交织、相互渗透、来自四面八方的不同的力最终形成的合力缔造的。马克思主义中国化历史进程的展开与推进也绝不是单个因素可以左右的，那么其是由哪些力量共同作用的结果呢？直接的、间接的、必然的、偶然的因素都有什么？面对浩如烟海、纷繁复杂的史实该如何去探知答案？翻开历史，尽可能回到当时的场景中去，应该是可行且必需的方法。本书主要基于五四时期留下的文字资料，重新认识少年中国学会，探索这一当时最大的社团在马克思主义中国化历史进程中所发挥的作用，试图为深化少年中国学会研究、马克思主义中国化研究提供借鉴，为厘清五四社团与马克思主义中国化之间的各种关系找到一个线头。

第一节　研究目的

一、深化马克思主义中国化的研究

探讨历史进程，是深化马克思主义中国化研究的必要。探讨五四社团在马克思主义中国化进程中的具体作用，是深化和拓展历史进程研究的必要。研究理论与实际的结合从何开始以及为何开始又如何推进，需要明确的一个问题是，理论与实际不会自动结合，而是由主体推动的，没有主体的推动，就没有马克思主义中国化。因此，探索马克思主义中国化及其历史进程可以找到推动理论与实际进行结合的"主体"这个要素为起点，沿着主体及主体的活动这个线索进行梳理。推动马克思主义与实际相结合的"主体"的前身应是"与马克思主义有交集的主体"，先有交集才会有后来的认同与选择，才会推动理论与实际进行结合。这里的"与马克思主义有交集的主体"并非单指个体，也可以是群体或政党、社团等组织，因为在同一个群体或组织中充满着各种交流或沟通。五四时期中国社会存在各种各样的"与马克思主义有交集"的群体主体或组织主体，例如留法学生、留日学生等留学生群体，例如新民学会、觉悟社等青年社团，还例如城市小资产阶级、民族资产阶级等不同社会阶级，各类社会主体对马克思主义的态度和反应如何？在马克思主义进入中国人视野的最初时期，还有其他理论和学说也曾引起注意，当时的人们基于什么样的思想或观念，进行着与马克思主义的互动？在这一过程中，个人的"主体性"具体体现在哪些方面？又如何影响群体或组织的"主体性"？所产生的结果对马克思主义中国化又产生怎样的影响？诸如此类的问题都是研究马克思主义中国化历史进程时有必要去回答的问题。要一一厘清这些问题无疑是一个大工程，需要找到一个线头。五四时期社团众多，少年中国学会在当时颇为突出，不仅成员众多，还受到当时一些社会名人的关注和支持，其成员虽思想复杂，但与马克思主义交集明显，有的人最终坚定选择马克思主义，但也有的人不以为然，仅从表面来看，就已经颇具代表性。以少年中国学会为研究对象，追寻学会成员的思想轨迹，探索学会与马克思主义中国化的关联，梳理其在马克思主义中国化进程中的地位、作用和贡献，将有助于丰富和深化马克思主义中国化历史进程问题的研究，特别是将有助于为马克思主义中国化早期进程的研究增添新的内容。并且，以社团为研究对象，相比于以具体的某个社团成员为研究对象，在马克思主义中国化研究中更具两个独特的作用。其一，社团是由相互联系并具有某些共同点的个体组成的，研究社团能从更大范围分析当时一类青年的思想和心理，避免了只将注意力集中在个别精英上面，这更契合马克思主义中国化的展开并非只有少数精英个体参与的客观历史进程。其二，社团本身是客观历史事物，其成立、分化或解散一定程度体现着社会种种观念在群体中的认同程度和范围，作为一定社会阶段出现的社团，对其的研究对于分析当时社会观念、社会常识有着不可替代的作用。当我们试图揭秘马克思主义如何中国化的过程时，也往往需要梳理实际社会生活中的普通常识和观念，这些是推动人们做出选择的基础和前提。

二、丰富少年中国学会的研究

少年中国学会是五四社团之一，作为社团，其具有相应的规约、制度和一些共同的思想主张，其基本状况是那一时期青年社团的微观体现。少年中国学会是青年知识分子自主自愿结成的社团，办有期刊，并出版多期，其中包含许多进步思想，呈现出青年知识分子对国家、社会的责任以及奋进向上的思想和态度。总的说来，少年中国学会作为青年社团，其进步性清晰且明显。并且少年中国学会成员众多，其中的一些成员在当时或者之后具有一定的知名度，因为各种原因，少年中国学会长期受到学界的关注。但是，从马克思主义中国化这个角度来分析少年中国学会的研究却不多见，现有的一些研究虽然已经将少年中国学会与马克思主义的传播联系起来，但一方面，"传播"并不等于"中国化"；另一方面，这一社团与马克思主义的关系应该如何来定位还需深入分析。从马克思主义中国化的视角来重新认识少年中国学会，不仅是为少年中国学会的研究提供一个新的角度，更主要的是将少年中国学会放在了一个更为广阔的背景中，分析当时的青年知识分子如何回应来自中国外部和社会内部的各种冲击和压力，以及如何做出选择。从对中国近现代史影响巨大的马克思主义中国化这个视角来审视少年中国学会，将会为这一社团的研究增添新的内容。

第二节　研究依据

一、历史合力论

1890 年，恩格斯在致约瑟夫·布洛赫的信中写到历史最终的结果总是从许多单个的意志的相互冲突中产生出来的，"这样就有无数相互交错的力量，有无数个力的平行四边形，由此就产生出一个合力，即历史结果，而这个结果又可以看做一个作为整体的、不自觉地和不自主地起着作用的力量的产物"①。历史结果的产生是来自四面八方的各种各样的力形成的合力作用的结果，各种力与结果之间或是推动关系或是阻碍关系，力与力之间或是相互抵消或是相互促进，各种力相互交错且相互影响，都与最终的结果有着或显或隐的关系。正因如此，历史结果最终呈现出不以人的意志为转移的客观性。如果将历史结果看作一个不断向前滚动的球体，各种力看作不同颜色的线条的话，我们看到的将是一幅无比复杂的画面，虽然一时间很难看清每条线的基本走向，但理顺了其中一些线条，其他的线就容易梳理得多了。在马克思主义中国化的起步、发展和推进的具体进程中，"历史合力论"将再次体现得淋漓尽致。19 世纪末

---

① 中共中央马克思恩格斯列宁斯大林著作编译局：《马克思恩格斯选集》（第 4 卷），人民出版社，2012 年，第 605 页。

马克思的名字就出现在中国境内的中文报刊中，中国人与马克思主义的互动有
了更便利的条件，此后不同思想背景的人们与马克思主义的互动不断增多，但
态度各异，有人赞成，有人质疑，有人反对，有人先赞成后远离，也有人先质
疑后靠近，而且这些与马克思主义有交集的人相互之间也有交集，也在互相影
响。马克思主义从外来学说之一到成为国人思考问题时无法绕开的思想理论，
再到真正融入中国实际成为分析问题的工具或指导，每一次转变都并非自然而
然的顺畅坦途，而是充满斗争与艰辛。这期间，许多人，比如李大钊、
毛泽东、恽代英、孙中山、戴季陶、梁启超、陈溥贤；许多报刊，比如《新青
年》《东方杂志》《星期评论》《少年中国》；许多社团，比如新民学会、觉悟
社、利群书社、少年中国学会，都真实地产生着各自不同的作用。想绘就这幅
多姿多彩的历史画面并非易事，但只有尽可能全面扫描，才能最终分清何为主
流、何为支流，何为正向力量、何为负向力量。很多学者也正倾力而为进行着
研究。马克思主义中国化历史进程的推进是历史合力的结果，马克思主义虽然
并不是少年中国学会的根本坚持和最终选择，但不能据此断言这一社团对
马克思主义中国化毫无影响。少年中国学会中走出了我国最早的马克思主义
者，少年中国学会的期刊热烈讨论过社会主义的相关话题，这个社团与马克思
主义的交集不能忽视，但其究竟与马克思主义中国化有什么样的具体联系、发
挥了什么样的作用还需要具体阐述。

二、事物的普遍联系理论

世界纷繁复杂，事物千差万别，有的看似风马牛不相及，实际却有着千丝
万缕的联系，把握事物就要把握事物之间的联系。"当我们通过思维来考察自
然界或人类历史或我们自己的精神活动的时候，首先呈现在我们眼前的，是一
幅由种种联系和相互作用无穷无尽地交织起来的画面"①，这是《反杜林论》
中表达事物普遍联系的经典阐述。在少年中国学会与马克思主义中国化的关系
解读中，事物的普遍联系理论将再次得到印证。事物的普遍联系需要中介，少
年中国学会是一个社团，一定程度上发挥着连接所有成员的中介作用，实际上
一些成员对于马克思主义的思考或者选择也与其社团经历有密切联系。其成员
李大钊、毛泽东、恽代英等后来都成为共产党员，如今他们与马克思主义中国

---

① 中共中央马克思恩格斯列宁斯大林著作编译局：《马克思恩格斯选集》（第 3 卷），人民出版
社，2012 年，第 395 页。

化的关系早已众所皆知。事物的联系具有客观性、多样性和条件性，并非只有直接联系、本质联系、必然联系才值得探讨，间接联系、非本质联系、偶然联系也会一定程度影响事物的发展或状态。少年中国学会的创立源自 1918 年中日签订的共同防御条约，即缘于发起人对中国实际状况的共同的热切关注和担忧，少年中国学会的解散与成员间的激烈争论很有关系，成员间争论的话题很多，其中包括"主义"与"实际"的关系，是否应该选择社会主义、马克思主义等问题，少年中国学会中这些与中国具体实际、马克思主义密切相关的内容，与马克思主义中国化的关联性究竟应如何定位，需要进行具体分析。

第三节　研究范围

一、研究的时间范围

从实践层面而言，马克思主义中国化是发生在我国社会内部的社会运动，它之所以发生和发展，有其内在的根据和条件，只有内在基础已经生成并不断发展直至成熟，马克思主义中国化才会产生。马克思主义中国化历史进程的展开必然包括"由谁推动"的问题，这不仅是主体问题，也是起步问题中的重要方面。要弄清"由谁推动"的问题，必须和需要实现的目的（即终点）联系起来，也就是与"为了什么"联系起来。马克思主义中国化"由谁推动"和"为了什么"都要从中国当时所处的历史阶段和现实条件中寻找，最终意义上，中华民族的伟大复兴是历代中华儿女不懈奋斗并始终砥砺追求的目标。起点和终点的内在相连、彼此贯通才使得研究这一问题有明确和清晰的主线。目前学界关于马克思主义中国化的研究很多，取得了一系列有代表性的成果，但还有一些问题需要继续深入下去，比如马克思主义中国化的发生问题。何时发生、如何发生，这是马克思主义中国化研究必须阐述清楚的问题。马克思主义中国化的发生应该是一个时期，是多要素共同作用形成的结果，而不是一个具体的时间节点。马克思主义逐步被选择的五四时期是重要的研究时段。五四时期也是各种思想极其活跃的时期，涌现出各种各样的报刊、社团、政党、学会，它们与马克思主义中国化的具体联系如何、相互之间又有什么样的联系等问题都需具体说明。现有的一些研究已经关注到社团或报刊本身，并延伸到它们与马克思主义传播的关系，但理论的传播与中国化不是等同的概念。从马克思主义中国化的角度审视那一时期的各种组织具有一定的理论意义和现实意义。

　　少年中国学会于 1918 年筹划创立，1919 年正式成立，1925 年第五届年会结束后基本处于解散状态，前后存在七年左右的时间。少年中国学会在当时就受到社会人士的广泛关注，蔡元培、陈独秀、胡适等均与它有过直接联系。少年中国学会存在的七年正是五四时期中重要的七年。[①] 这七年间，中国社会发生着一系列变化，变化的方向正逐渐清晰。1915 年《青年杂志》创刊，随后新文化运动席卷思想界；1919 年五四运动时，一直没有被重视的底层民众的力量集中爆发，民众集体觉醒的时代开始到来；1921 年中国共产党成立，用什么理论指引中国的变革开始有了清晰的回答，但当时中国社会中还有其他不同的声音。社会状况为思想和观念的变迁奠定基础，并投射在人们的各种表达中，社会意识的变化又推动社会状况的进一步变化。少年中国学会从最初创造"少年中国"的强烈共识到后来选择何种"主义"以创造少年中国的思想分歧，正是历史大潮中各种思想、各种立场纷争的缩影。少年中国学会存在的几年间，传统的腐朽的封建思想意识不断被批判、被抛弃，新的、外来的、西方的思想文化一股脑儿进入人们的头脑。面对扑面而来的各种主义和学说，人们在经历最初的无所适从后逐渐选定了自己的主义，而此主义与彼主义的不同也造成了原有社团的最终解散。少年中国学会不同于同期其他社团，存续时间长是其特点，会员间共识与分歧都极为突出也是其特点，以这个学会为研究对象，可以更全面地看到当时青年知识分子的思想活动。

　　本书以少年中国学会从筹划到解散的主要时间段，即 1918 年至 1925 年为研究的基本时间范围，通过考察少年中国学会成员的思想主张和活动，梳理其与马克思主义中国化的关系，为五四时期各种社团在马克思主义中国化历史进程中的作用研究提供借鉴。

二、研究的基本内容

　　本书基于马克思主义中国化的历史视角审视少年中国学会的思想与活动，主要探讨少年中国学会在马克思主义中国化历史进程中所产生的作用。

　　少年中国学会首先是一个社团。蔡元培认为："少年中国学会是一种创造

---

　　① "从 1915 年至 1925 年，是广义上的五四时期。"见许纪霖：《从疑到信：五四两代知识分子的精神世界》，《天津社会科学》，2020 年第 5 期，第 129 页。

新中国的学术团体。"① 王光祈提出少年中国学会"不是政党"②。许德珩同志说："少年中国学会是一个学术性的政治团体。"③ 少年中国学会的性质尽管说法不一，但作为社团，首先应当看作一个组织主体，它创办报刊、发行丛书、召开年会，以此表达主张、交流思想、研究会务、探讨问题。少年中国学会是会员活动的平台，会员普遍对社会现实问题极为关注；因为是知识分子，也关注当时流行的各种思想理论，也正因如此，包括马克思主义在内的各种社会主义思潮出现在会员们讨论的范围之内。

马克思主义中国化的推进是主体与客体互动的过程，理论与实际是两个基本客体。马克思主义中国化的核心要义强调马克思主义基本原理与中国实际的结合，结合是关键。少年中国学会与这两个客体都有交集，但不能直接就认定其为马克思主义中国化主体，还需要解释少年中国学会是否在马克思主义和中国实际的结合中发挥了作用，即是否促进了二者的结合。"促进"的体现也是多方面的，至少应该包括三个方面：一是有益于理论的传播、理解和运用等，即对推动理论走向实际有促进作用；二是有益于实际问题的认识和判断，即对推动实际走向理论有促进作用；三是对于理论与实际的直接结合有促进作用。没有前两个方面的"促进"，第三个方面的"促进"难以实现；但是没有第三个方面的"促进"，前两个方面的作用在马克思主义中国化领域内的意义难以得到充分认可。因为如果泛泛地认为，凡是关于马克思主义、关于中国实际的讨论，都在马克思主义中国化领域之内，那么马克思主义中国化将毫无边界。也就是说，不能将"促进"的理解单一化，只将其等同于最后一步的各种努力，但也必须承认，前两步的作用是"间接作用"，第三步的作用才是"直接作用"。如果把只关注"直接作用"，即第三方面问题的称为狭义的促进观，那么对理论、对实际、对理论与实际相结合，三个方面的问题都关注到的可称为广义的促进观。

少年中国学会并不是一个马克思主义的团体，但不可否认，少年中国学会的成员中走出了李大钊等马克思主义的坚定信仰者、践行者，而这是推动马克思主义与中国实际直接结合的重要力量，这是本书探讨少年中国学会与马克思主义中国化关系的一个基本前提。本书尝试从广义的促进观来理解和分析少年中国学会，以此全面揭示少年中国学会与马克思主义中国化的关系，也

① 周太玄：《蔡孑民先生关于宗教问题之谭话》，《少年中国》，1921年第3卷第1期，第76页。
② 王光祈：《"少年中国"之创造》，《少年中国》，1919年第1卷第2期，第6页。
③ 韩凌轩：《略论五四时期的少年中国学会》，《辽宁大学学报（哲学社会科学版）》，1979年第4期，第43页。

就是将少年中国学会视为一个主体，分析其与马克思主义中国化两个客体之间的互动，并在此基础上厘清少年中国学会对于促进马克思主义与中国实际"相结合"的具体作用，从而确定少年中国学会在马克思主义中国化历史进程中的基本地位。

第四节　研究方法

一、"把问题提到一定的历史范围之内"的方法

1914 年列宁在《论民族自决权》中指出："在分析任何一个社会问题时，马克思主义理论的绝对要求，就是要把问题提到一定的历史范围之内。"[①] 强调分析问题要具体，要抓住特点。本书的研究，所指向的是发生在 100 年前的中国社会，根据马克思主义的指引，正确的研究方法应该是回到历史的具体史实中去，也只有这样才能抓住事物的特点。五四时期，中国社会处于激烈的变动之中，朝什么方向变动在变动的最初并没有明确的答案，方向的形成是一个逐渐明晰的过程，只有尽可能回到当时的舆论现场，倾听当时的声音，才能从各种或理性或感性，或具体或抽象的表达中梳理出思想的倾向，把握这种倾向之所以形成的原因。时人思想上的各种转变和趋向不一定都会直白地表达出来，需要从大量的材料中进行分析。回到那个时代，从历史材料出发，这是"一切从实际出发"这个人尽皆知的原理在研究中的具体应用，也只有这样，才能客观揭示少年中国学会在马克思主义中国化历史进程中所发挥的作用。

二、"历史与逻辑相结合"的方法

回到历史中去寻找答案，才能尽可能客观地把握历史。但呈现在眼前的不仅是一幅幅绚丽多彩的画面，而且也是一幅幅错综复杂的画面，各种声音、各种观点、各种思潮都将涌现，哪些是主流的、必然的、根本的因素，哪些是偶

[①]　中共中央马克思恩格斯列宁斯大林著作编译局：《列宁全集》（第 25 卷），人民出版社，1988年，第 229 页。

然的、次要的、枝节的因素，需要仔细辨别、认真分析。要从纷繁复杂的表象
中抓住主流、必然、主要线索，在研究中需要运用历史与逻辑相结合的方法。
在具体的研究中，比如对少年中国学会作为五四时期的一个社团，与当时众多
的其他社团相比，其有何特点，它们之间有何共性，这些因素在马克思主义中
国化进程中产生何种作用诸如此类问题的回答，不仅需要收集历史资料来寻找
答案，而且需要进行逻辑性的分析和思考，去伪存真，才能形成合理判断。历
史的方法是进行逻辑分析的基础，逻辑的方法是历史方法的必要提升，只有将
二者相结合，才能更真实、更科学地找到问题的答案。

第一章　少年中国学会概论

就社团本身来说，少年中国学会在五四时期不容轻视，成员最多，存在时间最长；就社团成员来说，少年中国学会更是出类拔萃，从学会中走出数位在近现代中国赫赫有名的革命家或不同领域的专家学者。就社团思想来说，少年中国学会更值一提，1919年少年中国学会在其会务报告中说要逃出两种危险的人生观，即顺世堕落的乐观主义和厌世自杀的悲观主义，要信仰"爱世努力的改造主义"①。少年中国学会成员对现实状况并不满意，但是并未自怨自艾，而是充满改造的希望、勇气和信心，正是基于这种热忱，他们对于创造"少年中国"斗志昂扬，愿意为"吾可怜之中华"②而奋斗。"少年中国"犹如一面精神旗帜，在它之下迅速聚集起一群先进青年，他们为国家、为社会的探讨和思索对我们今天仍有许多启示，正因为如此，他们长期存在于学者们的视线之中。

第一节　近二十年少年中国学会的研究述评

五四时期是近代中国发生历史转折的重要时期，一些新风尚、新思想争相迸发。少年中国学会作为五四时期人数最多、持续时间最长、影响最大的青年社团，一直受到学界的持续关注。在中国知网中，以"少年中国学会"为关键词进行主题搜索，1979年就有研究性文章公开发表。③ 但从中国知网中可检索到的文章标题中包含"少年中国学会"的文章数量来看，自20世纪70年代末至2000年，专题研究性文章数量有限，也并没有在哪个时间段形成了明显的研究高潮；并且关于少年中国学会，研究主题较为分散，涉及学会的发展状

---

① 陈独秀：《陈独秀文集》（第一卷），人民出版社，2013年，第445页。
② 陈独秀：《陈独秀文集》（第一卷），人民出版社，2013年，第226页。
③ 韩凌轩：《略论五四时期的少年中国学会》，《辽宁大学学报（哲学社会科学版）》，1979年第4期，第38~45页。

况、学会成员、学会性质等方面，其中学会成员是研究的重点。这种现象表明，2000 年以前，学界对少年中国学会的关注有限。2001 年出现了研究少年中国学会的博士论文。① 2006 年，吴小龙研究少年中国学会的专著《少年中国学会研究》出版。② 从 2000 年至今，关于少年中国学会的专题研究性文章在数量上每年均有增加，研究主题也不断扩展，主要包括学会的期刊、学会的分化、学会成员的思想、学会讨论的具体问题（比如宗教、教育、妇女解放），值得注意的是少年中国学会与马克思主义的相关研究开始展开。长期以来，关于少年中国学会的研究虽未中断，但也未出现过爆发的局面。学会成员也一直是学界关注的重点，因为早期马克思主义者李大钊、毛泽东、恽代英、邓中夏等均参加过少年中国学会。总体来说，从马克思主义中国化研究的角度进行梳理，2000 年至今，学者们对于少年中国学会的关注主要集中于以下问题。

一、关于少年中国学会分化的研究

少年中国学会从产生到结束，其间有一个重要的环节：内部的分化。在目前众多关于少年中国学会的文章中，其分化问题一直是研究的重点。

吴小龙认为少年中国学会分裂有其必然性，原因包括学会目标不明确、会员价值取向等存在分歧以及社会时局的影响。③ 吴小龙还提出晚期的少年中国学会经历了双重分化，其一是走政治变革道路的骨干分子与坚持实业与教育救国道路的中间分子的争论，其二是学会成员信仰共产主义与信仰国家主义的分化。④ 周淑真认为少年中国学会分化的焦点在于政治活动与社会活动、马克思主义与国家主义之争。⑤ 李永春提出，导致少年中国学会分化的共同主义之争中，胡适及学会内部的"问题与主义"派发挥了一定的作用。1921 年南京年会时社会主义作为共同主义已经遭到了普遍反对，有两个原因：一是学会还处于自由研究学术阶段，二是当时社会主义派别众多无法做出科学选择。⑥ 尤小

---

① 吴小龙：《少年中国学会研究——从最初的理想认同到政治思想的激烈论争》，中国社会科学院，2001 年。

② 吴小龙：《少年中国学会研究》，上海三联书店，2006 年。

③ 吴小龙：《"少年中国"的理想追求及其分化——简评少年中国学会》，《浙江社会科学》，2000 年第 3 期，第 127～132 页。

④ 吴小龙：《五四运动与少年中国学会》，《中国青年研究》，2005 年第 5 期，第 29～32 页。

⑤ 周淑真：《少年中国学会与五四精神》，《中央社会主义学院学报》，2000 年第 5 期，第 32～35 页。

⑥ 李永春：《"问题与主义"之争和少年中国学会》，《安徽史学》，2006 年第 2 期，第 87～96 页。

立认为少年中国学会分化解体的原因是多样的，包括社员的思想差异、社会选择差异、外部环境刺激、会员所处地理位置分散。^① 赵黄认为国内革命力量的迅速发展加剧了少年中国学会的分化，这些力量包括中国共产党的成立、国民党的改组。^② 张少鹏在分析少年中国学会宗旨演变时提出少年中国学会成立之初，发起人的思想倾向就分为三派。^③ 齐玉东认为工读互助团的失败是少年中国学会分化的催化剂，1921 年南京年会后分化有增无减。^④ 左玉河认为工读互助运动的失败是少年中国学会分化的起点。^⑤ 朱孟光认为自少年中国学会第一次年会后，"主义"问题就一直困扰学会，因为这一问题无法解决，最终导致学会分裂。^⑥ 李艳红认为主义之争贯穿少年中国学会始终，是少年中国学会分裂的根本原因。^⑦ 吴汉全认为少年中国学会是因为主义分歧而出现瓦解的趋势。^⑧

在已有的研究成果中，学者们对少年中国学会分化的分析，主要围绕分化过程和分化原因，其中分化原因是研究重点，所形成的基本共识是分化既有内因也有外因，学会成立之初的思想分歧以及自 1921 年南京年会就出现的"主义之争"都与学会最终分化有密切联系。少年中国学会是同时期青年社团中存在时间最长的，按常理来说，其凝聚力的分析应该占一席之地。但值得注意的是，恰是其分化问题吸引了学者们的目光。实际上，那一时期社团的分化也并不少见，少年中国学会并不是特例。学者们对这个社团的分化如此关注，其原因不只在社团分化本身，还在于社员分化后的走向。在现有的研究中，学者们已经触及一个重要问题——少年中国学会内部对待马克思主义有不同态度。少年中国学会讨论甚至争论过社会主义和马克思主义的问题，会员们虽然都接受到^⑨了这些内容，但态度和走向却有明显差异，一部分人始终没有走近及选择

　　① 尤小立：《少年中国学会的解体与五四知识人的政党化》，《博览群书》，2007 年第 3 期，第 44～48 页。

　　② 赵黄：《少年中国学会的分化》，《黑龙江史志》，2010 年第 21 期，第 39～40 页。

　　③ 张少鹏：《少年中国学会的宗旨演变》，《社会科学论坛》，2012 年第 7 期，第 188～205 页。

　　④ 齐玉东：《独领风骚的少年中国学会》，《钟山风雨》，2012 年第 1 期，第 12～15 页。

　　⑤ 左玉河：《王光祈：少年中国学会之少年骄子》，《同舟共进》，2019 年第 4 期，第 15～19 页。

　　⑥ 朱孟光：《少年中国学会"主义"问题之争的性质探析——基于〈少年中国〉月刊的考察》，《河北青年管理干部学院学报》，2015 年第 1 期，第 84～88 页。

　　⑦ 李艳红：《左舜生与少年中国学会思想论争》，《湖南工程学院学报（社会科学版）》，2018 年第 1 期，第 72～77 页。

　　⑧ 吴汉全：《五四时期"社会改造"话语与"主义"的崛起——纪念五四运动一百周年》，《党史研究与教学》，2019 年第 5 期，第 4～17 页。

　　⑨ "接受到"在文中表示主体开始收到客体的相关信息，这是主体与客体互动的第一步。

马克思主义。学会成立之初，会员们就存在一些思想分歧，但学会仍然能够存续；只有当会员在主义选择问题上出现明显分歧，特别是在是否选择马克思主义的问题上出现分歧时，学会的分化和解散问题才日益逼近。学会的分化以致解散不单单是社团内部思想的分歧问题，还涉及如何对待马克思主义的问题，这个问题与学会的存在、分化与解散有着莫大关系，也与国家的发展和走向有密切关系。少年中国学会分化的背后是对于国家应朝什么方向前进的不同思考。方向只能有一个。少年中国学会并非因主义结合而成的社团，其内部思想有共识也有分歧，必然要解决或者突破这些局限，否则社团难以发展。1920年毛泽东加入少年中国学会。① 1925 年 11 月，毛泽东在回答少年中国学会关于改组委员会的问题时明确表明自己信仰的是"共产主义"，并且表明因为会员所抱主义互相冲突，"少年中国学会在此时实无存在之必要，主张宣布解散"②。李大钊等人试图把少年中国学会引导为信仰马克思主义的组织，但他们的努力没有成功，他们最终只能与没有选择马克思主义的会员分道扬镳。社团的分化和解散对于社团而言不能说是积极的，但是对于整个社会的发展而言，其积极作用却不能忽视。少年中国学会分化出了一批选择马克思主义的人，他们找到了改造中国的正确道路，他们坚决与选择其他主义的人划清界限，这种坚定与果敢对于自身和社会的发展均有积极意义。

在少年中国学会的分化和解散问题上，还有许多问题值得深思，比如如何看待当时学会中有的人已经接受到了但没有选择马克思主义？他们的言论和选择对于坚定走向马克思主义的先进分子产生了怎样的影响？对马克思主义持不同态度的人们之间的交锋对马克思主义中国化产生了怎样的影响？今天我们回顾这段历史时又应如何评价这类在马克思主义进入中国早期并非鲜见的现象？在五四时期的百家争鸣中，马克思主义遭遇三场大论战，同样是因为有的人虽接受了马克思主义，但没有选择这一理论，对理论本身或者选择这一理论改造现实存有诸多疑问，他们的质疑究竟在哪里？其中有没有共性？是哪些因素使得他们产生这些质疑？在我们要将马克思主义作为共同的思想基础进行巩固的今天，这些问题的探索依然有必要，正如有学者提出的"戴季陶现象很值得研究"③。在少年中国学会中，这些问题也具有复杂性，比如在"问题与主义"之争中，挑起这场争论的胡适，在五四时期被广大青年奉为偶像，胡适主张的

---

① 王光祈：《留别少年中国学会同人》，《少年中国》，1920 年第 1 卷第 8 期，第 66 页。
② 中共中央文献研究室：《毛泽东文集》（第一卷），人民出版社，1993 年，第 19 页。
③ 田子渝、蔡丽、徐方平、李良明：《马克思主义在中国初期传播史（1918—1922）》，学习出版社，2012 年，第 23 页。

是杜威的实验主义，并不倾向马克思主义。胡适与少年中国学会联系紧密，少年中国学会会员一定程度上受到胡适的影响不足为奇，但也并非完全认同胡适的观点，李璜就曾批评胡适的主张对当时国家的混乱状态无可奈何①。王光祈在《总解决与零碎解决》中也表现出对胡适观点并不完全认同。影响少年中国学会会员对待马克思主义态度的各种因素还需进一步甄别与研究。少年中国学会的分化与解散在社会发展中的全部意义也还需进一步具体分析。少年中国学会成员都是知识分子，思想活跃，有自己的主张，面对具体问题时不同观点与主张的并存在所难免，这与现实生活中不同的人面对同一种思想理论也会出现各种各样的态度和倾向是同样的。但在马克思主义中国化研究中，选择马克思主义是将这一理论与实际结合的前提，我们不能简单地以"一千个读者就有一千个哈姆雷特"作为结论。少年中国学会中出现了对待马克思主义的三种不同的态度：选择、不选择（另选他者）、中立。我们应在揭示少年中国学会总体思想状况基础之上，具体分析学会与马克思主义的互动，以揭示各种态度背后的原因，这样既可为探索近代中国思想界如何逐渐转向的问题提供有益借鉴，也为当今推动马克思主义中国化以及坚定马克思主义的选择提供更具说服力的理论支撑。

二、关于少年中国学会成员的研究

少年中国学会受到关注的一个重要原因就是拥有许多杰出的会员，因此少年中国学会会员的研究也一直受到学界的重视。少年中国学会挑选其会员极为严格，需要有五个介绍人，当时能加入少年中国学会不是轻而易举的事，但会员们在当时并非已经是功成名就的社会名人，大多还是学生或是初入社会从事编辑、记者、教师等工作的普通知识分子，他们成就的取得主要还是在后期。关于少年中国学会会员的人数，学者们的观点虽有所出入，但都认为是当时青年社团中人数最多的，有学者提出少年中国学会的会员多达 126 人。②

学者们对少年中国学会成员的研究涉及人员广泛，但主要是后期有某些突出表现或在某个领域做出杰出贡献的人。学者们在研究这些人物时，多将他们曾加入少年中国学会的经历作为其人生历练中的一个环节，为突出他们与少年中国学会的关系，研究的问题都会涉及其于"何时"和"因何"加入少年中国

---

① 李永春：《"问题与主义"之争与少年中国学会》，《安徽史学》，2006 年第 2 期，第 87～96 页。
② 齐玉东：《独领风骚的少年中国学会》，《钟山风雨》，2012 年第 1 期，第 12～15 页。

学会。在众多会员中，学界对发起人的研究较多，最突出的当属王光祈。王光祈1920年赴德留学后改攻音乐，后成为音乐家，学者们的研究最初都是聚焦其在音乐领域的贡献，只在其生平中述及少年中国学会时期的经历。2000年以后，王光祈对音乐事业的贡献仍是研究的重点，但研究主题有了明显扩展。主要有以下几点：第一，王光祈的救国思想与转攻音乐之间的关联性研究①；第二，王光祈的救国爱国思想、社会改造思想的研究②；第三，王光祈发起工读互助团但最终走向失败的经历研究③；第四，王光祈与马克思主义传播的研究。对此，高亚非提出王光祈的工读互助主义思想对于新文化运动阵营的分化、青年世界观的转变、新文化运动的最终方向都产生了影响，进而促进了马克思主义的传播。④总的来说，高亚非认为王光祈虽没有直接传播马克思主义，但也间接促进了这项工作。除王光祈之外，对少年中国学会发起人中李大钊的研究也比较多。李大钊作为中国共产党的创始人之一，本身关注度就非常高，研究成果丰富。少年中国学会在李大钊波澜壮阔的一生中并非最浓墨重彩的一笔，但也是其人生中不能忽视的重要经历，因而学者们在探索李大钊相关问题时大都会提及少年中国学会。陈鸿佳等提出在李大钊的影响下，少年中国学会的成员邓中夏、恽代英、高君宇、黄日葵等成长为马克思主义者。⑤高璞专门研究了李大钊在《少年中国》上发表的三篇文章。⑥此外，还有关于其他发起人的研究。比如李永春等分析了曾琦发起少年中国学会的思想基础，包

---

① 比如李沛健、李荣有：《王光祈由实业救国转向礼乐兴国成因析探》，《音乐探索》，2020年第2期，第44~52页；叶洁纯：《少年中国与国乐建构：王光祈音乐民族主义思想探析》，《艺术探索》，2020年第2期，第100~110页。

② 比如李永春：《论王光祈的"少年中国"理想》，《湖南工程学院学报（社会科学版）》，2006年第3期，第93~97页；黄明文：《论王光祈社会改造思想之特征》，《湖南人文科学院学报》，2009年第1期，第101~104页；阿牛曲哈莫：《五四运动前后王光祈的妇女解放思想与实践》，《人民论坛》，2012年第8期，第103~105页；陈先初：《五四时期王光祈社会改造思想之考察》，《湖南师范大学社会科学学报》，2014年第2期，第128~137页；周淑真、孙润南：《近代知识分子思想的"过渡性"——以王光祈政治社会思想为例》，《中国人民大学学报》，2019年第5期，第104~113页。

③ 比如林成西、许蓉生：《王光祈的空想社会主义及其实践》，《音乐探索》，2003年第3期，第9~12页；鲜于浩：《王光祈与工读互助主义的滥觞与失败》，《西南交通大学学报（社会科学版）》，2011年第2期，第75~81页。

④ 高亚非：《论王光祈的工读互助主义思想与马克思主义在中国的传播》，《中华文化论坛》，2013年第1期，第33~38页。

⑤ 陈鸿佳、严惠敏、许益锋：《李大钊培养青年马克思主义者的经验与启示》，《当代青年研究》，2018年第1期，第23~29页。

⑥ 高璞：《激扬文字少年中国》，《中国档案》，2011年第12期，第73页。

括"少年意大利"思想以及梁启超的"少年中国"和国家主义思想。① 简奕提出陈愚生是重庆地区传播马克思主义的先驱之一。②

除对发起人进行研究以外，学界对少年中国学会中其他一些著名成员也有较多关注。李友唐认为毛泽东1919 年 12 月在李大钊等介绍下加入少年中国学会。③ 而何季民认为毛泽东加入少年中国学会的时间是 1920 年 1 月，在北京加入学会，介绍人是李大钊和王光祈。④ 李永春分析了恽代英加入少年中国学会的思想基础以及对创造"少年中国"的探索思想。⑤ 周鹏飞分析了田汉加入少年中国学会的原因和时间，认为田汉是 1919 年 5 月下旬被"少年中国"的理想吸引，由曾琦等介绍加入少年中国学会的。⑥ 顾烨青研究了刘国钧加入少年中国学会的经历，并分析其后来从哲学转向图书馆学的原因。⑦ 刘重来提出卢作孚因勇于改革且颇有成就从而符合少年中国学会的要求，因此得以加入少年中国学会。⑧ 在现有的研究成果中，有的学者选取的角度比较独特，比如刘爱国分析了刘仁静离开少年中国学会的原因，认为客观原因是学会主义不明、组织涣散，主观原因是思想变化和性格特征。⑨ 李永春则根据蔡和森的活动轨迹、思想发展状况、少年中国学会基本资料、蔡和森对少年中国学会的了解程度等，提出蔡和森并非少年中国学会成员。⑩ 陈俐则分析了与少年中国学会成员有往来但没能加入少年中国学会的郭沫若。⑪

学者们对少年中国学会成员的研究，除了研究单个成员外，也有以成员间

---

① 李永春、郭汉民：《曾琦"少年中国"理想的渊源》，《湖南城市学院学报》，2006 年第 1 期，第 78～82 页。

② 简奕：《陈愚生：最早在重庆传播马克思主义的先驱者之一》，《红岩春秋》，2021 年第 1 期，第 14～19 页。

③ 李友唐：《"少年中国学会"回溯》，《文史春秋》，2011 年第 11 期，第 61～63 页。

④ 何季民：《〈少年中国〉上的毛泽东等人》，《博览群书》，2011 第 7 期，第 11～13。

⑤ 李永春：《恽代英与少年中国学会》，《信阳师范学院学报（哲学社会科学版）》，2004 年第 4 期，第 120～124 页。

⑥ 周鹏飞：《田汉加入少年中国学会考》，《当代教育理论与实践》，2010 年第 1 期，第 168～170 页。

⑦ 顾烨青：《刘国钧先生与少年中国学会——一个知识青年学术报国的心路历程》，《大学图书馆学报》，2011 年第 2 期，第 114～120 页。

⑧ 刘重来：《卢作孚何以加入少年中国学会》，《红岩春秋》，2016 年第 5 期，第 55～57 页。

⑨ 刘爱国：《刘仁静离开少年中国学会的必然性探析》，《上海党史与党建》，2011 年第 4 期，第 15～17 页。

⑩ 李永春：《蔡和森非少年中国学会会员考》，《西南交通大学学报（社会科学版）》，2003 年第 1 期，第 43～46 页。

⑪ 陈俐：《郭沫若与少年中国学会同乡同学关系考》，《新文学史料》，2007 年第 4 期，第 176～182 页。

相互关系为研究对象的。王光祈在少年中国学会时期与毛泽东有过交集，新中国成立后，毛泽东还寻找过王光祈。有学者就专门研究了毛泽东与王光祈之间的关系。① 孙利霞研究了王光祁和左舜生的交往和友谊。② 吴丽君分析了王光祁与恽代英的友谊与分化。③ 此外，宫宏宇还研究了少年中国学会成员对王光祈个人的评价。④

　　学者们对少年中国学会成员的研究角度多样，为我们下一步研究奠定了基础。目前的研究呈现出以下特点：第一，研究对象较为集中，虽在不断扩展，但扩展较慢。像王光祈、李大钊一直是研究的重点，虽然其余会员也逐渐受到关注，但总的来说，受关注的群体有限。总的表现出，不是以少年中国学会会员为起点展开研究，而是从杰出会员的其他身份展开研究，只是因为少年中国学会是其经历中的一段而被关注和提及。也就是说，少年中国学会不是学者们关注的最初动因。实际上，当我们注意到一些杰出人士在早年都有参加少年中国学会的经历时，少年中国学会作为一个组织就应该受到重视。第二，个体研究多，整体研究少。主要是针对某些会员个体展开研究，以及会员与会员之间的横向联系与相互影响，进而少年中国学会的总体思想等问题的研究还没有充分展开。第三，单个研究多，比较研究少。与少年中国学会的成立和解散直接相关的是成员的思想共识和思想分歧，但目前的研究对于会员思想的比较研究明显不足，曾有着某些共识的会员为何走向不同的主义？学会成员思想走向的根本分歧是什么？学会成员原有的哪些思想观念造成了根本分歧？是基本立场不同，思维方式不同，还是思维进度差异？这些问题值得仔细分析。第四，少年中国学会成员对待马克思主义的方式和态度研究不足。在少年中国学会之中，很明显对马克思主义具有不同的态度和反应，这些基本属于同一阶级、有着相似人生经历的青年知识分子是如何、因何接受到马克思主义的？对待的方式有何不同？关注的重点内容是什么？这些与其最终的态度有何关联？态度的分歧问题是否就是导致学会成员最终分道扬镳的主要原因？这些问题还没有得到充分解释，这些问题对于当今更好、更快地认识以及科学对待马克思主义具

---

　　① 比如马宣伟：《毛泽东与王光祈的友谊》，《文史杂志》，2000 年第 1 期，第 26～27 页；蔚兰：《毛泽东惦记中的王光祈》，《党史博采（纪实）》，2007 年第 3 期，第 7～8 页。

　　② 孙利霞：《论王光祈与左舜生》，《兰台世界》，2013 年第 31 期，第 23～24 页。

　　③ 吴丽君：《文化改造与政治革命——论王光祈与恽代英在少年中国学会中的友谊与分化》，《重庆师范大学学报（哲学社会科学版）》，2015 年第 2 期，第 50～55 页。

　　④ 宫宏宇：《中华知识分子的典范、少年中国精神的化身：少年中国学会会员眼中的王光祈》，《音乐探索》，2010 年第 1 期，第 8～13 页。

有强烈的现实意义。

三、关于少年中国学会与马克思主义关系的研究

目前学界对于五四时期的社团有较高关注度，五四时期的社团与马克思主义的相关研究成果也不少。一部分学者聚焦的是五四时期的学生社团。王传利认为五四时期的学生马克思主义社团是青年马克思主义者的摇篮。[①] 秦昊扬提出五四时期的青年学生经社团的论辩与实践，对马克思主义的认识逐渐明朗，为社团向政党过渡奠定了基础，从而中国共产党的成立水到渠成。[②] 葛振国等提出五四前后的学生社团，通过辩论研讨、深入工人等方式促进了马克思主义的传播。[③] 吕峰认为五四时期的学生社团是传播马克思主义的重要载体，对于推进马克思主义大众化发挥了重要作用。[④] 严格来说，少年中国学会并不是学生社团，因为其成员并非只有学生，或许就是这个原因，当学者们在分析与马克思主义有关的五四学生社团时，少年中国学会并没有一席之地。

除五四时期的"学生社团"外，有的学者研究五四时期的"进步社团"。在这种分类中，有的学者也没有将少年中国学会包含在内，比如韦婷婷提出五四进步社团对于中国共产党的创立奠定了基础[⑤]，但没有将少年中国学会涵盖在内。但是，也有学者在进行五四"进步社团"的研究时，将少年中国学会包括在内。曲广华提出马克思主义从各种社会主义思潮中脱颖而出，是当时各种社团争鸣、比较的结果。[⑥] 覃慧芳等认为，五四时期民间文化社团通过创办报刊等形式宣传新思想，推动了"主义大众化"，加速了马克思主义在中国的

---

① 王传利：《青年马克思主义者的摇篮——五四时期学生马克思主义社团成员成长论析》，《马克思主义研究》，2006 年第 5 期，第 101～109 页。

② 秦昊扬：《五四运动时期的学生及社团与政党——另一视角看中国共产党的成立》，《中共宁波市委党校学报》，2009 年第 3 期，第 56～60 页。

③ 葛振国、邢云文：《"五四"前后学生社团传播马克思主义的经验与启示》，《理论探索》，2011年第 3 期，第 30～32 页。

④ 吕峰：《马克思主义大众化视角下的五四学生社团》，《河北青年管理干部学院学报》，2012 年第 6 期，第 7～10 页。

⑤ 韦婷婷：《五四进步社团对中国共产党创建的影响探析》，《党史博采》，2021 年第 2 期，第 22～24 页。

⑥ 曲广华：《五四社团与马克思主义在中国地位的确立》，《北方论丛》，2007 年第 6 期，第 91～94 页。

传播。① 胡沁熙等认为，五四时期进步社团注重马克思主义理论研究，用社团刊物宣传马克思主义，并以马克思主义为武器指导革命，从而促进了马克思主义中国化。② 黄爱军提出中国共产党是由五四进步社团发展而来。③ 曹凡提出五四时期的社团活动助推了马克思主义在中国的传播。④ 孔凡星提出五四时期的进步社团在与非马克思主义辩论、翻译经典、传播马克思主义等方面，对中国共产党的成立起到了推动作用。⑤ 这些学者在对五四"进步社团"进行总体论述时，虽然都将少年中国学会包括在内，但文章重在总体分析，并没有过多分析少年中国学会所发挥的具体作用，主要都是将之作为当时社团的其中之一，在举例时提及。

少年中国学会在五四时期的社团中，人数最多、存在时间最长，研究这个时期社团的学者注意不到这个社团的可能性不大，但是对于其与马克思主义的关系的研究却并没有充分展开，这有两点可能的原因：一是这不被认为是一个值得仔细研究的问题，二是这个问题要有所突破有一定难度。但也并非没有学者注意到这个问题。陈宏明分析了少年中国学会中部分会员共产主义信仰的产生问题。⑥ 张卫波认为少年中国学会虽然没有直接宣传马克思主义，但通过其活动促进了马克思主义的传播，其创办的报刊也为马克思主义的传播提供了载体，并且其部分成员发展为马克思主义者，因而在马克思主义的早期传播中不可忽视。⑦ 李睿提出少年中国学会通过创办报刊、开展实践等举措发展青年，为马克思主义的传播提供人才和思想基础。⑧ 赵鹏认为少年中国学会通过社团活动推动了马克思主义的传播、马克思主义与工人运动的结合、中国共产党的

① 覃慧芳、陈媛：《五四时期民间文化社团推动马克思主义大众化的探索》，《广西大学学报（哲学社会科学版）》，2011年第1期，第93～97页。

② 胡沁熙、董波：《论五四时期进步社团的马克思主义传播》，《兰台世界》，2015年第10期，第24～25页。

③ 黄爱军：《中国共产党是由五四进步社团发展而来——经历者、当事人言说中的中共创建史》，《太原理工大学学报（社会科学版）》，2017年第4期，第34～37、47页。

④ 曹凡：《五四时期社团活动对马克思主义在中国传播的影响》，《红色文化学刊》，2019年第2期，第25～30+109页。

⑤ 孔凡星：《五四进步社团：中国共产党诞生的重要推动力量》，《南方论刊》，2020年第2期，第56～59页。

⑥ 陈宏明：《少年中国学会早期的共产主义者》，《党史文苑》，2007年第10期，第19～21、24页。

⑦ 张卫波：《少年中国学会与马克思主义早期传播》，《广东党史与文献研究》，2020年第6期，第21～28页。

⑧ 李睿：《五四时期少年中国学会推进马克思主义的传播及其启示》，《中共济南市委党校学报》，2019年第3期，第20～23页。

诞生，从而为马克思主义中国化作出了重要贡献。①

　　总的来说，目前关于少年中国学会与马克思主义相关问题的直接分析的研究成果还比较少，从目前的研究成果看，研究主要集中在马克思主义的传播方面，对于其他问题则还留有很大的研究空间。学者们形成的基本共识是，少年中国学会对于马克思主义传播的作用基本是间接的。少年中国学会并非一个马克思主义的社团，会员原有的思想各种各样，但是少年中国学会以创造"少年中国"为旗帜凝聚青年，对社会现实中的不良状况进行批判，引导青年为国家、为社会奋斗，提倡新思想新文化，这对于国难当头的近代中国来说积极性是鲜明的，少年中国学会开年会、办报刊，相互交流、彼此鼓励，从少年中国学会中走出了我国最早一批马克思主义者以及其他领域的杰出人才。总的来说，少年中国学会理应算是五四时期的进步社团。这一社团与马克思主义中国化的关系也并非牵强附会，但在"少年中国学会与马克思主义"这个大方向下可以研究的内容究竟有哪些？这个问题的研究要从何破题？这是在展开具体而深入的研究时首先应该厘清的，也是梳理少年中国学会对马克思主义中国化的具体作用时需要弄清楚的。现有的研究集中于学会与"马克思主义传播"的关系，实际上"传播"与"中国化"是两个问题。马克思主义的传播并不是马克思主义中国化的专有概念。② 从马克思主义中国化的角度来系统分析和审视少年中国学会，分析其发挥的作用，虽是一个挑战，但可以推动少年中国学会的研究更加精细化，也可为马克思主义中国化特别是历史进程的研究找到新的研究取向。

　　当前学者在定位少年中国学会与马克思主义的关系时，有"宣传"和"传播"之分，但是，不论是使用"宣传"还是"传播"，都将少年中国学会放在了对外传递马克思主义的一方。实际上，少年中国学会成员的各种言论更主要的是表达自己对于马克思主义的认知状况和基本态度，向外界传递马克思主义相关信息的情况确实存在，因为学会的刊物是公开出版的，但是并不是学会最主要的目的。少年中国学会毫无疑问已经接受到了马克思主义，这从会员们的文章、讨论中对马克思主义的不断提及就可以清楚看出，"接受到"马克思主义是肯定的，但是不同的会员在"接受到"之后的思想走向却不尽相同，以致形成对马克思主义的不同态度，有的坚定选择，有的渐行渐远，有的始终徘

　　① 赵鹏：《少年中国学会对早期马克思主义中国化贡献的三个维度》，《陇东学院学报》，2020 年第 3 期，第 15～19 页。

　　② 姜喜咏：《"马克思主义在中国传播"研究中的三个误解》，《上海交通大学学报（哲学社会科学版）》，2017 年第 2 期，第 65～72 页。

徊……要厘清学会与马克思主义中国化的关系，需要重新定位学会与马克思主义的关系，寻找新的研究角度，这个角度需要从学会对马克思主义的反映状况入手，同时也要有利于分析学会对中国实际的基本把握，进而有利于分析学会对于理论与实际相结合的作用。

综上所述，少年中国学会是五四时期存续时间最长的社团。严格说来，少年中国学会并未组织过马克思主义的专门研讨，学会所办期刊上也未发表过类似《我的马克思主义观》这样观点鲜明的文章。但是这个社团与马克思主义有诸多明显交集，会员们因为马克思主义的相关问题发生过交流乃至争论，学会中走出了马克思主义者，而这些人在理论上或者实践上都与马克思主义中国化密切相连。因此，少年中国学会与马克思主义中国化的关系有进一步详细分析的必要。对于少年中国学会与马克思主义中国化的关系，很多学者前期已经做了许多工作，为后续的研究打下了基础，但还有问题需要进一步具体说明，比如在会员发展为马克思主义者的过程中，其参加少年中国学会的经历究竟发挥了什么样的作用？不同的会员情况各异，也许学会的作用也并不相同，比如李大钊在加入少年中国学会前已经具有了马克思主义倾向[1]，而其他的一些青年却并非如此，他们身上有没有共性的经验可供后人借鉴？再比如学会与同时期的其他青年社团相比在马克思主义中国化进程中的作用有何不同？单个会员在其中有哪些突出作用？并且单就早期的马克思主义者来说，他们大多并非只参加一个社团，少年中国学会在他们成长为马克思主义者的过程中，究竟有何独特作用？总的来说，少年中国学会在马克思主义中国化进程中的地位和作用这个问题还需要进一步研究和阐明，也只有在前人的基础上继续深入下去，才能更加接近完整答案。

第二节　少年中国学会产生的历史背景

张闻天曾这样描述 20 世纪早期的中国，"今日的中国就是梅雨期的中国。

---

[1] 据王光祈的《本会发起之旨趣及其经过情形》，少年中国学会 1918 年 6 月 30 日召开第一次筹备会议时，李大钊并没有参加。见于张允侯、殷叙彝、洪清祥、王云开：《五四时期的社团》（一），生活·读书·新知三联书店，1979 年，第 219 页。而 1918 年 7 月 1 日，李大钊在《言治》季刊第 3 册上发表《法俄革命之比较观》，其中说道，"吾人对于俄罗斯今日之事变，惟有翘首以迎其世界的新文明之曙光"。见于中国李大钊研究会：《李大钊全集》（第二卷），人民出版社，2013 年，第 332 页。李大钊的这些思想应该在文章发表前就已形成。可见李大钊在加入少年中国学会前就有马克思主义倾向。

外国的帝国资本主义挟了无穷的经济势力压到我们的身上来，国内的军阀官僚更用了无限的优越的地位和他们勾结着剥削我们的血肉。结果使全中国充满了盗贼兵匪，把数千里鸡犬之声相闻、人民安居乐业的地方变成了无限的废墟"①。面对国弱民穷的社会现实，仁人志士摩拳擦掌，四处寻找救国良方，学习强者是国人在遭受巨大挫折之后痛苦反思的结果。西方资本主义的发展、俄国革命的胜利，凡是国家进步的榜样都会引起强烈反响或欢迎，且中国人并非只是临渊羡鱼，而是善于退而结网，在学习外界和自我反省中不断吸收，以实现自我突破。在这一过程中，联合起来一致行动，是民众自我突破的基本方式之一，各种联合会、社团、学会、学堂、政党纷纷出现，志同道合者组织起来共同斗争。1918 年，一些青年知识分子用他们敏感的神经、聪颖的头脑、炽热的爱国情怀把握时代脉搏，自发自愿发起成立少年中国学会，表面上看，少年中国学会的产生是由几名旧时的同窗商议而成的，深层次上，这个社团的产生和存在有着深刻的社会背景。

一、青年社会政治意识的集体觉醒

近代中国饱受欺凌，帝国主义利用一系列不平等条约对侵略行为进行美化和合法化，有觉悟的知识分子率先将疼痛、屈辱与抗争喊了出来，1894 年郑观应写《盛世危言》时就已经敏锐地指出了国家之"危"的严峻，但限于当时统治阶级的威慑，仍用"盛世"加以包装。1895 年严复撰《救亡决论》，将国家已走到存亡边缘的残酷事实摆在了世人面前，并将"救亡"喊了出来。20世纪到来之时，清王朝都城北京正遭受帝国主义的联合入侵，清朝统治者仓皇逃离，将民众丢于水深火热之中。面对如此惨状，知识分子仰天长叹、奋笔疾书，陈天华用《猛回头》和《警示钟》唤醒众人。世纪之交，当世界各国在翘首以盼新世纪新气象之时，中国面临的首要问题是如何从一片黑暗之中探出新路。19 世纪末，资产阶级改良派因对封建制度仍抱有希望，发动变法维新，但最终惨烈收场，康有为、梁启超逃亡海外，"戊戌六君子"被抓之后旋即被斩杀于菜市口。百日维新虽昙花一现，但也促成了清末新政的苟延残喘，经此一役清政府也自知封建制度本身的衰亡已成为一个无法回避的问题。孙中山原本只是医生，最初曾打算通过给李鸿章上书力促国家社稷的改良，但李鸿章和清政府都早已腐朽不堪，改良之路根本走不通，革命出场，实践已经证明这才

---

① 张闻天：《从梅雨时期到暴风雨时期》，《少年中国》，1924 年第 4 卷第 12 期，第 1 页。

是当时的正确选择。1912年中华民国成立，封建制度终被推翻。辛亥革命震荡和颠覆的不仅是国体，也包括观念、思想和社会风气，广大民众经革命洗礼，思想猛烈变化，延续了几千年的封建帝制都可以被推翻，还有什么不能改变？民众思想解放后，对逐渐打破旧社会秩序、建立新的社会秩序充满期待。但事实是，原本热切的美好期待再次被现实击得粉碎，自辛亥革命果实被袁世凯篡夺后，局势逆转恶化，军阀统治下的中国并没有改变被帝国主义蹂躏的状况，甚至当时握有枪杆、能一定程度控制局势的各路军阀选择出卖国家主权以换取自身利益。一边是帝国主义在不断寻找机会为吞噬中国做准备；一边是各路军阀寻找帝国主义的靠山以巩固实力，双方一拍即合使得国将不国，民将难民。"自民国产生以来，中国内部弄得昏天黑地，不见天日，更兼欧美资本主义的影响，加速度的侵犯进来，把中国人的灵魂根本上动摇了，破坏了，于是中国人一直从水平线直滚到深渊之底！"① 件件"国耻"刺痛国人的神经，国家的出路到底在哪里？有志有智的中国人继续在黑暗中探索，终在思想文化领域有了突破。1915年陈独秀创办《青年杂志》，后改名《新青年》，杂志创刊后掀起了对封建主义旧思想旧文化的大批判，在对与封建制度密切相连的文言文、道德观念等进行大讨伐的同时，广大民众，特别是青年学生头脑中逐渐掀起了一股思想旋风，民主、科学等新思想和新观念在青年学生中不断流行，针砭时弊逐渐成风。思想是行动的先导，蕴藏着巨大的力量的各种新思想，必定会转化为前所未有的行动。第一次世界大战后巴黎和会的召开引起了青年学生的高度关注，中国外交的失败首先点燃了青年学生的愤怒，五四爱国运动快速从北京推向全国，从学生推向工人和其他各界民众。"中国之革命，则全酝酿于学生之运动。"② 思想领域的变化是促发这场运动不可忽视的因素，五四运动对各界民众思想的冲击也同样不容小觑。"中华的政府还是睡觉，人民已经觉悟了！"③ 五四运动反映了青年知识分子的集体觉醒，也促进了青年知识分子更大范围的觉醒。处于运动中心的青年学生等知识分子在这个过程中思想的变化更是巨大的。周炳琳在《五四以后的北京学生》中说："'五四'是北京学生思想变迁的大关键。"④ 恽震在《学生运动的根本研究》中说原先学生是不谈政治的，但"到了去年五月四日那一天，北京学生突然发生了那争外交的示威运动，好似一声狮子大吼，把一时观听都汇集在一点，说不出的大家赞欢惊

---

① 张闻天：《少年中国学会问题》，《少年中国》，1921年第3卷第2期，第14页。
② 中国李大钊研究会：《李大钊全集》（第二卷），人民出版社，2013年，第122页。
③ 如山：《政府与干涉》，《北京大学学生周刊》，1920年第6期第9版。
④ 周炳琳：《"五四"以后的北京学生》，《少年世界》，1920年第1卷第1期，第14页。

慕爱敬"①。苏甲荣在《今后的文化运动——教育扩张》中说："已受教育正受教育的尤其有教育未受教育者的责任。中国的青年，到'五四'后才觉悟他们这种的责任。"② 从新文化运动的开始到五四运动的爆发，青年知识分子与现实社会生活、政治生活更紧密地联系在了一起，青年的社会政治意识的觉醒已经是集体行为。少年中国学会的发起源于1918年中日共同防敌条约的签订，王光祈等青年知识分子清楚知晓这个协议对于中国将造成的危害，激愤于当时的时政而开始筹划少年中国学会。五四之后，学会正式成立，学会成员对于国际形势的判断、对于国家未来的担忧和警觉使得他们能相互呼应并联合起来。一言以蔽之，青年知识分子的集体觉醒是创立少年中国学会的基本条件。

二、知识分子结社的兴起

中国自古就有"以文会友"的传统，知识分子经常聚在一起交流思想、品评佳作，文人结社并不少见，比如各类诗社、画社。清朝律例禁止私人结社，但19世纪末20世纪初，在救亡图存的感召之下，民众对国事的关注度逐渐升高，促使各地学堂、学会纷纷出现，1895年康有为等成立了"强学会"，谭嗣同等发起了"南学会"，都是将志同道合的知识分子聚集起来共商新学。梁启超在《变法通义》中明确提出振兴国家要"广人才"和"兴学会"。清政府实行新政之后，对民间结社的限制有所松动，但仍禁止学生进行政事结社和参加政论集会。辛亥革命时，湖北新军中的共进会和文学社两个革命社团发挥了重要作用；辛亥革命后，《中华民国临时约法》规定人民拥有结社的自由，此后，各类社团更是纷纷涌现。

辛亥革命引发的中国社会变迁，使中国社会进入了一个旧秩序破除、新秩序难建的过渡时期，包括在校学生在内的知识分子对社会局势保持较高关注度，他们因为受过一定教育更能洞察社会的变化。在知识分子特有的社会责任感、国家意识、民族意识的推动下，有的人开始以自己的方式与旧社会斗争，比如"天津刘君梦扬，以妇女缠足最为恶习，特在针市街南阁西小石道胡同，设社劝戒"③，以一己之力进行着努力。而更多的则是选择相互慰藉、彼此鼓励并共同摸索突破旧社会藩篱的缺口。后者，即结成一定组织共同奋斗。这些

---

①　恽震：《学生运动的根本研究》，《少年中国》，1920年第1卷第12期，第15页。

②　苏甲荣：《今后的文化运动——教育扩张》，《少年中国》，1920年第2卷第5期，第18页。

③　《劝戒缠足》，《大陆报》，1903年第5期，第2页。

志同道合的青年知识分子聚集在一起，结为团体主要是一种源于纯粹内心需要的结合，并不受外力所强迫。他们所结的组织并不完全出于讨论学术的目的，但也不完全脱离这个目的。他们对现实生活、现实政治极为关切，讨论问题热情极高，同时也带有一定的理想性和主观性。正如周太玄谈及为什么发起少年中国学会时所说，"是应着一个环境时代中的底质上所发生出来的一种挡不住的需要而生"，也就是"一种环境时代所包容的底质——中国人特有的文化、生活与习性——上面所发生的急切的挡不住的需要；这种需要自然散布在白纸般的青年心中；这种青年各听命于其良心上需要的指使相互结合"。① 五四前后，青年知识分子特别是青年学生结社的很多，有的人甚至同时加入几个社团。"现在的社会，要算是恶浊败坏到万分了。假如没有团体互相砥砺，互相监督，互相帮助，互相慰藉，仍然让个人孤独去奋斗，恐怕不能战胜社会，转要为社会所同化。"② 1919 年北京登记在册的社团就有 281 个③，其他地方的社团也很多，比如 1918 年毛泽东等在长沙成立了"新民学会"，1919 年周恩来等在天津成立了"觉悟社"。当时各学校内部也出现了许多学生社团，如北京大学消费公社。以至于有人说"年来我国文化运动最显著的新成绩有两种的新产物"，就是"新发生的新团体"和"新发生的印刷物"。④

三、改造旧社会创造新生活的高涨呼声

19 世纪末 20 世纪早期的中国，在外力引发的社会大变局之下，究竟是固守旧路还是谋求变化是当时摆在中国人面前的第一重选择。守旧意味着无需变化也意味着继续被帝国主义欺压奴役，革新意味着变化也意味着将改变或颠覆长期形成的传统，但最开始也无人能够明确保证未来的结果一定会比先前要好。站在历史的十字路口，开辟新路还是原地踏步或是向后退缩，推动民众做出选择的是已经无法继续忍受的各种现实压力。民众对现实状况充满失望和不满，"我们现在住的不是'人间'是'鬼间'，我们过的不是人的生活是鬼的生活"⑤。"求变"的观念逐渐成为共识，五四运动之后，"社会改革之说，更如

① 周太玄：《学会的四种特性》，《少年中国》，1922 年第 3 卷第 8 期，第 25 页。
② 曾琦：《留别少年中国学会同人》，《少年中国》，1919 年第 1 卷第 3 期，第 51 页。
③ 中共中央党史研究室：《中国共产党历史》（第一卷）（1921—1949）上册，中共党史出版社，2016 年，第 51 页。
④ 谭植棠：《平民主义最后的胜利》，《政衡》，1920 年第 1 卷第 2 期，第 7 页。
⑤ 若愚：《与左舜生书》，《少年中国》，1919 年第 1 卷第 2 期，第 37 页。

日之在天"①。1916 年李大钊作《青春》，用"青春中国"表达了对未来中国的
向往，人们所期盼所向往的中国是充满希望、朝气蓬勃的中国，不是形如槁木
的老大帝国。改变现状有很多方法，也有不同的程度，在时人的表达中，常见
的是两个概念：改良和改造。二者并非同义词，在中国近代史当中，主张改良
和主张改造的各有其代表。梁启超是一直固守改良的代表。1919 年李大钊说
的是："中国近年南北争哄，民生困苦到这步田地，也是因为一种大门——
阀——建立的不好，也应该改造。"② 1921 年毛泽东说的是："改良是补缀办
法，应主张大规模改造。"③ 五四以后"现在社会改造的呼声，已经是渐渐的
大，渐渐的多了"④。"改造"话语的流行，其背后是人们对以往改良难以触动
问题根本的失望和对现实的不满与抗争。人们做好了"与万恶的旧社会宣战"
的准备，青年知识分子更是冲在了前面，认定"我们今后的一切行为没有与旧
势力调和的余地"⑤。认为历史已经走到了非改造非革新不可的地步，"中国人
自思想行为信仰以至于穿衣吃饭睡觉之事，几无一不应改善，此种感触凡曾旅
行欧美各国者尤为深入骨髓"⑥。青年知识分子对旧社会的现实充满了排斥，
而且已经到了无法忍受的地步，必须与其决裂，认为只有如此才能改造旧社
会、创造新生活。"我们生在这个万恶社会之中，不但是要求学术上的进步，
而且要求精神上的快活，要不如此，可要立刻得精神病，可要立刻上自杀的道
上去了。"⑦ "求新"与"求变"逐渐成了当时的主流声音，"自从欧战停后，
世界潮流排山倒海直向东方而来，中国青年受此深刻刺激，顿成一种不安之
象，对于旧社会旧家庭旧信仰旧组织以及一切旧制度，处处皆在怀疑，时时皆
思改造，万口同声的要求一个'新生活'"⑧。人们认定只有先除旧才能布新，
要创造新世界、新生活才能彻底脱离旧社会，少年中国学会所奉为目标的"少
年中国"同样是与旧中国的决裂以及对新中国的向往。

① 王光祈：《政治活动与社会活动》，《少年中国》，1922 年第 3 卷第 8 期，第 6 页。
② 中国李大钊研究会：《李大钊全集》（第二卷），人民出版社，2013 年，第 476 页。
③ 中共中央文献研究室：《毛泽东文集》（第一卷），人民出版社，1993 年，第 1 页。
④ 周无：《中国妇女问题（一）》，《少年中国》，1920 年第 1 卷第 10 期，第 8 页。
⑤ 李璜：《破坏与建设及其预备工夫》，《少年中国》，1922 年第 3 卷第 8 期，第 31 页。
⑥ 王光祈：《"社会的政治改革"与"社会的社会改革"》，《少年中国》，1922 年第 3 卷第 8 期，
第 51 页。
⑦ 若愚：《与左舜生书》，《少年中国》，1919 年第 1 卷第 2 期，第 37 页。
⑧ 王光祈：《工读互助团》，《少年中国》，1920 年第 1 卷第 7 期，第 42 页。

四、各种外来思潮在社会中广泛流传

近代中国在帝国主义欺压下的悲惨遭遇促使国人开始重新认识世界与他国，也重新定位中国。"中国自开禁以来，'东西洋货'遍国皆是。下自饮食起居，上至政体思想，无不杂有舶来的社会遗传。"① 西学乘着帝国主义军事、经济的快车大量进入中国并迅速征服人们。与此同时，20 世纪以后出版事业的不断发展使得西方文化的传播有了更为便捷的渠道和方式。一时间，各种外来"学说""主义""理论"活跃于思想界，以至于有人提出："及至今日欧风东来，我国学术，乃大振兴。"② 这些不同种类的思想理论最初并非相互排斥，而是都共存于同一时空。1903 年《浙江潮》中连发多篇文章论述"主义"，第一期中讲："今日者民族主义发达之时代也而中国当其冲故今日而再不以民族主义提倡于吾中国则吾中国乃真亡矣。"③ 第六期中讲："帝国主义者二十世纪民族竞争之大主义也。"④ 第八期中又讲道："今社会主义之披靡欧美为雷奔电掣山摧海啸之奇观者。"⑤ 各种主义、思想不仅并存共生于社会思想领域，在个人思想领域中也是如此。比如无政府主义者对社会主义、马克思主义也颇有兴趣，在所办的《天义》中介绍《共产党宣言》等马克思主义经典著作。⑥ 信奉基尔特社会主义的张东荪在其主编的《解放与改造》中也介绍过马克思主义。这一时期的"主义"并存实际上是各种学说的并存，与信仰无关。但是，各种学说并存共处的时期不会太长久，各种学说竞逐的结果是有的会被人们认同及选择，逐渐成为思想界的主流，而有的则终将被人们抛弃。很快，人们就在讨论"中国适合什么主义"的问题上分庭抗礼，产生了主义选择的论战。在这些论战中，各种外来学说、思潮进行着能否向"改造中国的主义"转变的角逐。在西学东渐的大潮中，广大青年知识分子面对来势迅猛的大量外来文化，在不断汲取的同时，自身的思想也成了各种观念的大杂烩，也正艰难地认识与辨别，如何选择和取舍成了摆在他们面前急需解决的问题。而"主义的选择"

① 谢循初：《论国家主义》，《少年中国》，1924 年第 4 卷第 11 期，第 8 页。
② 魏嗣銮：《人类进化的各面观》，《少年中国》，1919 年第 1 卷第 1 期，第 26 页。
③ 余一：《民族主义论》，《浙江潮》，1903 年第 1 期，第 20 页。
④ 斲癸：《新名词释义（续第二期）》，《浙江潮》，1903 年第 6 期，第 1 页。
⑤ 大我：《新社会之理论》，《浙江潮》，1903 年第 8 期，第 9 页。
⑥ 民鸣译：《共产党宣言 The communist manifesto 序言》，《天义》，1908 年第 15 期，第 19~26 页。

不仅关乎个人思想的新与旧，更与现实生活、政治状况密切相连，与国家、民族的未来和走向有着各种关联。少年中国学会就是诞生于这种"主义选择"的大背景之下。

第三节 少年中国学会的产生与特点

1900 年梁启超一篇《少年中国说》驳斥的不仅是"老大帝国说"，更是对祖国繁荣昌盛的渴望和信心。"少年中国"的社会理想虽然宽泛，但极具号召力，这种以生命体来表达对祖国的体认的观点，饱含着对祖国绵绵不尽的深情，表达着对焕然新生的国家新貌的期待，既通俗易懂又意味深长，因此越是在民族危难之际，"少年中国"之梦越是汹涌澎湃。1918 年，面对国家的窘困之境，一群青年知识分子以此为"精神上结合"的旗帜组建"少年中国学会"，积极探索救国之道。

一、少年中国学会的基本情况

20 世纪来临时，帝国主义的铁蹄仍践踏着中国大地，但中国人民已渐渐从沉睡中苏醒。苏醒是多方面的，包括视野的扩展，视野不再仅限于国内而是延展到了世界。放眼世界后，"天下即中国，中国即天下"的狭隘观念受到前所未有的颠覆，外强我弱的现实冲击使人们原有的优越感荡然无存，但同时也促使民族意识、民族观念得以强化。帝国主义企图通过接纳中国留学生而培养忠于自己的代理人和亲近派，并且还可顺便展现自己所宣称的文明形象。但帝国主义的如意算盘没有完全实现，因为中国人并非都是提线木偶，很多人在出国前曾受到过中华优秀传统文化的长期熏陶，这些传统文化中充满抵御外侮、精忠报国、忧国忧民的内容，指引着国人哪怕身处异乡，也仍然心系祖国，与之共命运。"同人等在海外，时时警觉吾辈所生长之故乡，在近代空气之中，实有万不能不改善之势。"[1] 1903 年撞击国人心扉的《警示钟》就出自留日学生陈天华之手。而且，留学生由于其所处环境，在一些问题上能获得比国内更为灵通的消息。1918 年段祺瑞政府欲与日本签订《中日共同防敌军事协定》，这一消息首先在留日学生中引起强烈反响。留日学生群情激愤，集会抗议，在

---

① 巴黎本会同人：《会员通讯》，《少年中国》，1920 年第 1 卷第 7 期。第 60 页。

遭到日警粗暴干涉之后，罢学归国，试图联合国内学界，向政府请愿。"留日学生归国风潮"的相关消息不断见诸国内报端，社会各界议论纷纷。学生讨论国事的热情极高，连厕所都成了"学生之议事厅"。^①但与此同时，段祺瑞政府的做法却难以服众，国内各方都要求宣布条约内容，但政府却以事关军事秘密实难宣布而搪塞。^②并且，面对陆续回国并各地奔走联络的留学生，政府漠视其爱国之心，勒令限期离京。社会中两面对立，一面是各界民众基于爱国救国进行的各种努力和尝试，一面是当局政府对这些活动的压制和禁令。尽管归国留日学生一再声明其行动主旨仅在挽回外交之失败，不在干涉内政^③，但他们的行为已然不被当局认可，留日学生对当局的失望明显。留日学生罢学归国的努力并无实质结果，但救国的决心矢志不渝。少年中国学会就在这样的直接环境下应运而生。

1918年6月25日，从日本回国的东京"留日学生救国团"成员曾琦与旧日的同学兼同乡王光祈会面，二人曾在成都高等学堂分设的中学堂一起求学。6月30日，王光祈、曾琦、陈愚生、周太玄、雷宝菁、张尚龄在北京顺治门（即宣武门）外南横街盆儿胡同岳云别墅聚会，讨论成立"少年中国学会"，推举王光祈起草规约。之后，曾琦邀请昔日旧友李大钊参与发起。1918年7月1日，7人共同署名发起成立"少年中国学会"，王光祈被推举为筹备处主任。一年之后，1919年7月1日上午，在北京陈愚生家，"少年中国学会"正式宣告成立，此时七名发起人中的雷宝菁已经去世。在发起人中，王光祁、周太玄、曾琦是旧日同学，曾琦与陈愚生、张尚龄、雷宝菁在日本相识，李大钊早年就与曾琦、陈愚生相识。总的来说，发起人都是相知相熟且志趣相合的朋友。李大钊虽没有参与少年中国学会最初的发起讨论，但被邀请成为具名发起人，不仅因为李大钊性格温和，知识丰富，与其他发起人之间私交密切，还因为当时他在北大和广大青年学生交流密切，是当时北大学生自治委员会的委员，热心学生工作和青年工作，对社团工作也极为关注，发起、参与、指导多个社团。^④学生乐于去和李大钊接触，李大钊也经常接济生活困难的学生，深受广大青年学生的敬爱。

少年中国学会1918年筹备，1919年正式成立，1925年年会后逐渐解散，

① 劲公：《和平之研究》，《大公报》，1918年5月22日。
② 《中日新约宣布问题》，《大公报》，1918年5月29日。
③ 《留学生归国风潮近闻》，《大公报》，1918年5月24日。
④ 林齐模：《李大钊的社团活动与中国共产党的创建》，《理论建设》，2013年第3期，第39~44页。

存续的约 7 年时间里，会员超过百人，由于会员分散各地，除北京总会外，在成都、南京、巴黎分别设立了分会。1919 年 6 月 15 日，成都分会成立，成立时会员 9 人。① 1919 年 11 月 1 日，南京分会成立，成立时成员 10 人。② 1921 年 3 月，巴黎分会成立。③ 少年中国学会成立后，于 1919 年 7 月 13 日在四川发行《星期日》周刊④；于 1919 年 7 月 15 日，创办《少年中国》；1920 年 1 月又创办《少年世界》。《少年中国》自 1919 年 7 月创刊，1924 年 5 月停刊，共出版 4 卷 12 期。此刊注重引导青年、研究学说、批评社会。⑤《少年世界》由南京分会编辑，田汉、黄仲苏任编辑，张闻天、沈泽民校勘印刷，黄仲苏催稿；1920 年 1 月创刊，同年 12 月终刊，共出版 11 期；发行《少年世界》的原因是"记载事实"，并且强调"所纪的事实，不是以中国为范围，是以世界为范围。要把中国人村落的眼光，改变方向直射到世界上去"⑥。《少年中国》和《少年世界》刊载的主要是本学会成员的文章，也有部分非会员的投稿。少年中国学会出版了少年中国学会丛书，绝大部分是会员的著作和翻译作品。

二、少年中国学会的主要特点

少年中国学会成立后就受到社会的广泛关注，"数月以来国民报纸对于本会的评论甚多。各地会外热心同志亦常来信对于本会组织有所讨论"⑦。学会还得到蔡元培等社会名流的支持与帮助。少年中国学会与同时期的其他青年社团相比，发展较好，成为五四社团中人数最多、存在时间最长的社团，具有一些鲜明特点。

第一，少年中国学会入会要求极为严格。加入少年中国学会，需要 5 位会员介绍，"担任介绍的五人都要负绝对的责任"⑧。介绍入会后还需评议部评

---

① 张允侯、殷叙彝、洪清祥、王云开：《五四时期的社团》（一），生活·读书·新知三联书店，1979 年，第 231 页。

② 《会务纪闻》，《少年中国》，1919 年第 1 卷第 6 期，第 51 页。

③ 张允侯、殷叙彝、洪清祥、王云开：《五四时期的社团》（一），生活·读书·新知三联书店，1979 年，第 235 页。

④ 张允侯、殷叙彝、洪清祥、王云开：《五四时期的社团》（一），生活·读书·新知三联书店，1979 年，第 253 页。

⑤ 《会务纪闻》，《少年中国》，1919 年第 1 卷第 2 期，第 51 页。

⑥ 本社同人：《为什么发行这本月刊》，《少年世界》，1920 年第 1 卷第 1 期，第 1 页。

⑦ 《商榷》，《少年中国》，1919 年第 1 卷第 5 期，第 60 页。

⑧ 左学训、宗白华：《会员通讯》，《少年中国》，1920 年第 1 卷第 7 期，第 57 页。

议。"我们原定新会员的加入，要得五人的介绍，便是防轻率介绍的弊病。"①并且学会规定，入会之后要遵守学会制定的各种规约，如有违背，可将其除名。他们认为末世得友甚难，故入会时极为严格，介绍新会员极端慎重，只有这样才能"造成一中国最纯洁高尚少年团体之结晶毋稍杂污点以闇光明"②。需要如此多的介绍人，表明学会在精心挑选与自己志同道合的同志；也说明，少年中国学会并不急于扩张人数，试图将之建设成为与当时其他的社团、会党完全不同的纯洁组织。中国社会党成立后的招新就极为宽松，曾发出广告提出，对于本党的讲演"无论男女皆可随意入听并可随时签名入党"③。也正因如此，中国社会党人数扩张较快。但显然，这并非少年中国学会的发展之道。少年中国学会入会要求严格也表明一旦成为会员，就与其他会员达成了相当的默契和共识。少年中国学会入会要求严格，从而有的会员在感觉与学会不能融洽相处时会主动请求出会，对此学会并不做强制挽留。1920年会员黄忏华提出"近来狠报悲观，此后拟不问世事，恐与会中宗旨信条相抵触，自请出会"④，后学会批准其出会。1921年会员易家钺因在社会上的举动"不啻宣告青年人格的破产，于社会前途影响实大"⑤，从而与其有关的团体先后将其除名，后向学会提出"自请出会"，北京总会评议部批准其出会。

第二，少年中国学会中留学生较多。少年中国学会成员都是知识分子，"会员们差不多全体和教育界有关系，至少读书的占一大半"⑥，并且留学生较多。七位发起人，有四人当时是日本留学生：曾琦、陈愚生、雷宝菁、张尚龄。曾琦之前在日本留学，少年中国学会成立后又赴法留学，1919年他在《留别少年中国学会同人》中还写道："本会会员先后赴法约近十人。"⑦ 1919年成都分会中就有4人赴法留学。⑧ 1920年4月，王光祈也赴欧洲留学。⑨ 1920年学会的会务报告中说到本会会员"赴欧美留学者日众"⑩。少年中国学

---

① 恽代英：《恽代英文集》（上卷），人民出版社，1984年，第145页。

② 刘正江：《会员通讯》，《少年中国》，1919年第1卷第2期，第54页。

③ 林代昭、潘国华：《马克思主义在中国——从影响的传入到传播》（上册），清华大学出版社，1983年，第310页。

④ 《黄忏华君出会》，《少年中国》，1920年第1卷第7期，第56页。

⑤ 张允侯、殷叙彝、洪清祥、王云开：《五四时期的社团》（一），人民出版社，1979年，第242页。

⑥ 刘衡如：《少年中国学会问题》，《少年中国》，1921年第3卷第2期，第6页。

⑦ 曾琦：《留别少年中国学会同人》，《少年中国》，1919年第1卷第3期，第55页。

⑧ 《会务纪闻会员消息》，《少年中国》，1919年第1卷第6期，第50页。

⑨ 《王光祈君赴美留学》，《少年中国》，1920年第1卷第8期，第62页。

⑩ 《会务报告》，《少年中国》，1920年第2卷第1期，第52页。

会的会员分布在法国、美国、日本、南洋①，以至有会员说："现在世界上各名都大埠，多有本会会员之足迹。"② 这些留学生会员虽身在国外，但彼此间保持通信，因此国内外消息并不断绝。虽然留学生多，但少年中国学会对国家现实问题一直较为关注。学会刊物中经常有会员为准备留学的人介绍各种留学事宜，他们的忠告中就包括订阅国内的报刊，以便了解国内事件，"要自己定两份国内好杂志（如新青年之类）合报纸。（寄巴黎华法教育会转）到法时常看看。免得出国两三年便成外国人了"③。1923 年，少年中国学会还以学会名义签名"旅法各团体敬告国人书"，对当时军阀政治表达不满，反对列强共管中国铁路，提出"联合工农商学各界以建立国民政府以图自决"④。因有留学生会员这一优势，后来还有会员提出可组织国内外旅行团，借此确实了解各地实际情况。五四时期，知识分子的视野早已不局限于国内，少年中国学会中留学生多的情况使得社团能够拥有关于外国的更为具体、更为直观的信息，利于他们形成从世界看中国的视角。

第三，注意联合其他社团。少年中国学会招新严格，努力保持自身组织的纯洁性，但同时也积极与其他进步社团保持沟通，认为在污浊的旧社会中"必须由自己联合同辈，杀出一条道路"⑤。"我们现在唯一的办法就是联合全国纯洁青年组织一个大团体，与中国社会上种种恶习惯、恶风俗、不自然的虚礼谎言、无聊的举动手续、欺诈的运动交际、大起革命。改造个光明纯洁人道自然的社会风俗打破一切黑暗势力的压迫。"⑥ 学会发起人之一的雷宝菁在东京留学期间与东京新中学会联为会友之事进行商讨，但后来雷宝菁"病殁东京"⑦，此事搁置，之后新中学会又正式来函接洽，少年中国学会重又与之商讨联合之事，⑧ 并认为"新中学会系本会最亲爱的友会"⑨。1920 年 8 月，少年中国学会与觉悟社、人道社、曙光社、青年互助团"谋从事改造事业的各团体的大联合"，之所以五社联合，也是因为认定"联合的团体愈多，我们的共同目的愈

---

① 《常会纪事》，《少年中国》，1920 年第 1 卷第 10 期，第 56~57 页。

② 王光祈：《会员通讯》，《少年中国》，1920 年第 2 卷第 1 期，第 56 页。

③ 李璜：《会员通信》，《少年中国》，1919 年第 1 卷第 6 期，第 55 页。

④ 《旅法各团体敬告国人书》，《少年中国》，1923 年第 4 卷第 8 期，第 8 页。

⑤ 张允侯、殷叙彝、洪清祥、王云开：《五四时期的社团》（一），生活·读书·新知三联书店，1979 年，第 539 页。

⑥ 宗之櫆：《中国青年的奋斗生活与创造生活》，《少年中国》，1919 年第 1 卷第 5 期，第 4 页。

⑦ 曾琦：《留别少年中国学会同人》，《少年中国》，1919 年第 1 卷第 3 期，第 52 页。

⑧ 《会务纪闻联络友会》，《少年中国》，1919 年第 1 卷第 4 期，第 59 页。

⑨ 《新中学会消息》，《少年中国》，1920 年第 1 卷第 7 期，第 56 页。

加简单；我们向此目的的实行力愈加集中；我们共同努力的效果，或者可以愈加实在，我们达到最高理想的距路，也就近了一程"①。

第四，反对与旧政党等旧势力发生联系。1917年李大钊曾说："学会与政党，性质绝异，两不相谋者也。"② 虽然少年中国学会愿意与其他进步社团保持交流沟通，但反对与任何旧政党发生关联。发起人之一的王光祈曾明确提出学会并非政党，所以"对于政治的或经济的具体意见"③ 无发表的必要，并解释学会的一切经费都是会员"凑集"而不接收捐助就是因为"不愿与其他一切党系，生一丝一毫关系"④。周太玄提出少年中国学会的特点是不为政治活动、注意个人道德、从事社会事业、努力于思想学术，因此，学会不是政党，也不是纯粹的学术团体、道德团体、事业团体。⑤ 1921年成都分会在其提案中也明确表明："会员以后无论有何机会，不许与政党生关系。"⑥ 少年中国学会与旧政党划清界限既是为保持自身的纯洁性，更是表明与现实污浊的政党和政治生活完全脱离的决心。曾琦提出："吾辈之所以断然与一切旧势力（军阀官僚政客）相远，绝对不为政治活动者，亦正欲专心致力于社会事业为'少年中国'筑其永远不拔之根基。"⑦ 李璜提出："少年中国学会成立之初，大家以不利用已成势力相号召，或者不尽是感情的话头。或者也是一些事实归纳的结论。"⑧ 并提出这些事实"源于两个根本不相容"，即主张的不相容和方法的不相容。也正因为少年中国学会不利用已成势力、不依赖过去人物，学会所需经费都由会员自己筹措，用度也极为严谨，所发行的刊物最初都由会员捐款发行，直到后来交由亚东图书馆办理时，才把前期会员的款项退还。⑨

第五，具有宽广的世界视野。少年中国学会的会员遍布全国各大城市，在国外也有分社，宣称"我们会员现在散居各国，关于世界消息，我们是很灵通的"⑩。因而少年中国学会成员普遍视野宽广，对外来思想文化较为欢迎。并且由于一些会员留学国外，获取信息具有许多便利之处，思想也较为开阔和自

---

① 《改造联合宣言》，《少年中国》，1920年第2卷第5期，第66页。
② 中国李大钊研究会：《李大钊全集》（第一卷），人民出版社，2013年，第468页。
③ 王光祈：《"少年中国"之创造》，《少年中国》，1919年第1卷第2期，第6页。
④ 王光祈：《少年中国学会之精神及其进行计画》，《少年中国》，1919年第1卷第6期，第5页。
⑤ 周太玄：《学会的四种特性》，《少年中国》，1922年第3卷第8期，第24～30页。
⑥ 《少年中国学会问题成都分会提案》，《少年中国》，1921年第3卷第2期，第43页。
⑦ 曾琦：《澈底主义与妥协主义》，《少年中国》，1922年第3卷第8期，第42页。
⑧ 李璜：《破坏与建设及其预备工夫》，《少年中国》，1922年第3卷第8期，第32页。
⑨ 《退还债票款项》，《少年中国》，1919年第1卷第6期，第48页。
⑩ 若愚：《与左舜生书》，《少年中国》，1919年第1卷第2期，第38页。

由，比如留法会员就曾说过在法国"对于言论，更是自由。不但各种报章杂志，批评政府的，攻击政府的，鼓吹社会主义的，是大批刊行，大批发卖"①。少年中国学会会员的世界视野，使得他们在很多问题的讨论中，都具有明显的中外对比维度。而对比的结果并不尽如人意，比如王光祈在论及社会改造问题时就说："中国人自思想行为信仰以至于穿衣吃饭睡觉之事，几无一不应改善，此种感触凡曾旅行欧美各国者尤为深入骨髓。"② 王德熙在讨论妇女解放问题时，说欧美、日本均已是男女同校的情况，提出："以我国今日之教育与欧美先进诸国衡，真是望尘莫及。男子既萎靡不振，女子更未萌芽。"③ 少年中国学会会员看到世界，看到中国与外界的差距，但并未自甘沉沦，而是发起号召，追赶先进。期盼融入世界是少年中国学会成员的基本共识。恽代英提出："中国只有能适应于这个世界才真算是返老还童。所以我们的目的应该是适应于少年世界为目标，求少年中国的实现。"④ 宗之櫆认为："至于中国旧社会所造成其他种种不适宜的心习，不胜枚举。请诸君随时观察就去竭力奋斗，务必扑灭。我们才能创造个'新我'适应世界新潮，创造少年中国。"⑤ 世界视野不仅有助于少年中国学会分析现实问题时具有宽广框架，也使得他们能用更长远的眼光看待现实问题，正是得益于这种开阔的视野，他们在面对当时中国复杂的问题时往往能始终充满信心。

三、少年中国学会的思想基础

少年中国学会从诞生时起就严格选择会员，后期由于思想出现明显分歧而分崩。可以说，正是因为会员的思想已不能相融才导致了学会的终结。少年中国学会刚成立时，成员就超过 40 人，1921 年南京年会前，成员已到 80 多人。⑥ 1923 年时刘仁静在文章中说道："本会会员，依最近的统计，共有九十三人。"⑦ 至学会解散前，会员早已超过百人。有学者提出少年中国学会成员

---

① 张梦九：《旅法两周底感想》，《少年中国》，1920 年第 2 卷第 6 期，第 15 页。

② 王光祈：《"社会的政治改革"与"社会的社会改革"》，《少年中国》，1922 年第 3 卷第 8 期，第 51 页。

③ 王德熙：《南京高等师范男女共校之经过》，《少年世界》，1920 年第 1 卷第 7 期，第 50 页。

④ 恽代英：《怎样创造少年中国》（上），《少年中国》，1920 年第 2 卷第 1 期，第 4 页。

⑤ 宗之櫆：《中国青年的奋斗生活与创造生活》，《少年中国》，1919 年第 1 卷第 5 期，第 3 页。

⑥ 余家菊：《少年中国学会问题》，《少年中国》，1921 年第 3 卷第 2 期，第 20 页。

⑦ 刘仁静：《对学会的一个建议》，《少年中国》，1923 年第 4 卷第 7 期，第 4 页。

在鼎盛时期多达126人。① 少年中国学会的发起者在当时并非享有声望的社会名流，学会存在期间也没有出现颇具影响力的中心人物或灵魂人物，但仍然发展为五四时期人数最多的社团。学会成立时并没有规定会员必须奉行统一的"主义"，从而学会内部思想是庞杂的，以至于1921年7月初，第二届年会在南京召开，会上发生了激烈的争执；1922年杭州大会，会上同样发生激烈争论；至1925年7月，第六届年会在南京召开，争论依然激烈以致逐渐解散。但是少年中国学会在其存在的7年时间里，人数一直在不断增加，学会本身无疑具有某些凝聚人心的共同思想基础，学会成员无疑具有相当的共识和默契，不然少年中国学会不会得以发展并存在如此长的时间。那么这个共同的思想基础是什么？1919年12月，王光祈提出少年中国学会中有三种精神将大家凝聚在一起：努力前进、艰苦卓绝、民主。② 王光祈在此文中已经注意到了学会内部的意见不一致，也看到了学会内部的思想共识。这里主要从两个方面探讨少年中国学会共同的思想基础：一是从发起人"为什么发起少年中国学会"，二是参加者"为什么加入少年中国学会"，以此揭晓少年中国学会成员最初共同信守的思想。

为什么发起成立少年中国学会？王光祈说："学会何为而发生乎。有数十青年同志。既慨民族之衰亡。又受时代之影响。知非有一般终生从事社会改革之青年。不足以救吾族。于是不度德不量力。结为斯会。"③ 曾琦说："少年中国学会之诞生。一言以蔽之曰'新时代之要求与旧人物之失望'而已。"④ 周太玄写道："当初为学会而先结合的几个青年，不期而然都是学法政的人；都是新闻界的人，这不是偶然的事，这是他们同在一条路上受了同样的烦闷，发生同样的反感，然后相约：'此后不为政治活动'，于是标明'为社会的活动'，以相誓勉以求同志。"⑤ 李大钊说："我们的理想，是在创造一个'少年中国'。"⑥

为什么加入少年中国学会？陈启天说："我入少年中国学会的主意，全在想和我们想向上的少年从万恶社会当中共救起来，永远不至堕落，并且日新又

① 齐玉东：《独领风骚的少年中国学会》，《钟山风雨》，2012年第1期，第12~15页。
② 王光祈：《少年中国学会之精神及其进行计画》，《少年中国》，1919年第1卷第6期，第1~9页。
③ 王光祈：《政治活动与社会活动》，《少年中国》，1922年第3卷第8期，第6页。
④ 曾琦：《学会问题杂谈》，《少年中国》，1922年第3卷第8期，第76页。
⑤ 周太玄：《学会的四种特性》，《少年中国》，1922年第3卷第8期，第26页。
⑥ 中国李大钊研究会：《李大钊全集》（第三卷），人民出版社，2013年，第66页。

新，以至无穷。"① 恽代英写到自己是受到刘仁静的介绍，看到少年中国学会的会务报告后"诚心的愿做一个会员"，因为"你们中间很是有能实际为社会做事的人"，"充满了新中国的新精神"。② 后来恽代英又再次写到加入学会"是起于我对于学会同志真诚奋斗精神钦敬的同感，是起于我想交结这样些朋友彼此在品性上有所补益"③。宗之櫆认为当时社会充满污浊，应该"跳出这腐败的旧社会以外。创造个完满良善的新社会"④。创造"少年中国"就是创造一个新的中国社会。左舜生提出："凡自觉的青年都应该找来，手拉着手背倚着背去和旧社会战。"⑤ 邰爽秋认为："本会成立的根据，我可说一句测度的话，要有一大半建树在盲目的热忱上。那就是一般有志向上的青年，愤于现今社会之黑暗，乃欲作一种有组织的结合，以创造少年中国。"⑥ 沈懋德认为少年中国学会是"从旧里去加新"并非"专门拔旧树新"，认为现在"中国号为新人物的人些，都只是跟着外人后面去追，几无独立自考之余地，于是多为人云亦云之说，不切中国情形时病"⑦。

　　不论是发起人还是参加者，少年中国学会的成员之所以进入该组织都并非为一己私利，而是有着强烈的社会责任感。少年中国学会的共同思想基础可以概括为以下两点。

　　第一，联合同志，共赴救国路。20 世纪早期的中国社会，情况复杂。蔡元培曾借用孟轲的说法，用洪水比喻新思潮，用猛兽比喻军阀，说："中国现在的状况，可算是洪水与猛兽竞争。"⑧ 有一定思想文化的青年知识分子不会完全听信政府的一面之辞，他们用自己的眼睛观察现实，用自己的头脑思考问题。他们看见国家现存的社会制度有缺点，"第一，是注重少数人的利益，而不顾多数人的利益。第二，是适合于古代野蛮的生活，而不是适合于现在文明的生活"⑨。他们听见每到晚饭时分北京城里"沿街叫苦乞怜于阔绰人家的残羹剩饭的呼号"⑩。在打开视野看到世界潮流并对比中西发展状况之后，青

① 陈启天：《会员通讯》，《少年中国》，1920 年第 2 卷第 2 期，第 59 页。
② 恽代英：《恽代英文集》（上卷），人民出版社，1984 年，第 106 页。
③ 恽代英：《少年中国学会的问题》，《少年中国》，1921 年第 2 卷第 7 期，第 4 页。
④ 宗之櫆：《我的创造少年中国的办法》，《少年中国》，1919 年第 1 卷第 2 期，第 47 页。
⑤ 伯奇：《会员通讯》，《少年中国》，1920 年第 2 卷第 1 期，第 67 页。
⑥ 邰爽秋：《少年中国学会问题》，《少年中国》，1921 年第 3 卷第 2 期，第 6~7 页。
⑦ 《会务纪闻》，《少年中国》，1919 年第 1 卷第 2 期，第 52 页。
⑧ 蔡元培：《洪水与猛兽》，《新青年》，1920 年第 7 卷第 5 期，第 2 页。
⑨ 陈达材：《社会改制问题》，《新潮》，1919 年第 2 卷第 1 期，第 24 页。
⑩ 中国李大钊研究会：《李大钊全集》（第三卷），人民出版社，2013 年，第 357 页。

年知识分子的国家责任感和忧患意识强烈生发，改造现存社会的观念日益巩固。怎么改造？"联合同辈，杀出一条道路。"① 少年中国学会认为要改造社会，必须团结可以团结的力量共同努力，创造少年中国不是件容易的事，"不仅要每个同志有学问，而且不仅要每个同志有品格；最要的是每个同志能自觉的联合于一个共同目的之下，有计画的分工与互助"②。王光祈提出："我们既感觉人类有改造的必要，又认分工互助的社会是理想的社会、进化的社会。"③ 恽代英提出中国目前的问题很多，不是少数人可以完成的，创造少年中国不可不注意合理的有计划的分工与互助。"为创造少年中国，故必须组织少年中国学会或其他类似的团体。"④

第二，青春中国之再生。此语来自李大钊。⑤ 少年中国学会建立之后，逐渐完善了宗旨、信条，制定了一系列规约。但是会员们曾就这些内容提出疑义，比如关于"是否应该规定会员不得信教"问题就进行了很多讨论。曾琦认为学会的科学精神与宗教不相容，宗教之害远大于利，因此学会不应主张信仰宗教。⑥ 周太玄认为学会自发起至今，便无教徒的会员在内，也同样"不赞成学会默许教徒入会"⑦。沈怡说："我也是反对形式宗教徒入会的一人。"⑧ 但郑伯奇、周佛海、田汉则意见不同，他们认为："会员虽信教，只要他不想把学会教会化——不在学会中传教——学会便不须干涉他。"⑨ 王克仁也说："宗教信仰抑或宗教教徒不得入会的问题，我更觉得多事！"⑩ 少年中国学会内部的争论还不止于此，学会成员在"主义选择"的问题上同样存有很多分歧，以至于恽代英说我们固然不能禁止朋友间有主义的不同，有意见的不同，但无论我们主义是怎样的不同，"创造少年中国，或者总是我们共同的目的"⑪。少年中国学会成员只是结成了一条统一战线，在这条战线上，爱国与救国是会员们最基本的凝聚点，也是一直贯彻学会始终的核心内容。不论学会成员间争论如何

① 张允侯、殷叙彝、洪清祥、王云开：《五四时期的社团》（一），生活·读书·新知三联书店，1979年，第539页。
② 恽代英：《少年中国学会的问题》，《少年中国》，1921年第2卷第7期，第5页。
③ 王光祈：《分工与互助》，《少年中国》，1921年第2卷第7期，第4页。
④ 恽代英：《怎样创造少年中国》（上），《少年中国》，1920年第2卷第1期，第10页。
⑤ 中国李大钊研究会：《李大钊全集》（第一卷），人民出版社，2013年，第313页。
⑥ 曾琦：《学会问题杂谈》，《少年中国》，1922年第3卷第8期，第76～80页。
⑦ 周太玄：《学会的四种特性》，《少年中国》，1922年第3卷第8期，第30页。
⑧ 沈怡：《少年中国学会问题》，《少年中国》，1921年第3卷第2期，第36页。
⑨ 《郑伯奇等的提案》，《少年中国》，1922年第3卷第11期，第69页。
⑩ 王克仁：《少年中国学会问题》，《少年中国》，1921年第3卷第2期，第14页。
⑪ 恽代英：《怎样创造少年中国》（上），《少年中国》，1920年第2卷第1期，第5～6页。

激烈，创造少年中国一直是成员的共同趋赴，所有的争论都是在这个基本共识之外的争论，争论之中也没有人会质疑或动摇这个共识。正如会员陈启天所说："推原少年中国学会发生，不外一种反过去的精神，换句话说，就是要廓清中国不振的病根，而创造中华民族的生机。"① 少年中国学会的共同愿望实际上就是希望中国永无垂老之一日，永葆青春与少年。

少年中国学会从其筹备开始，就以实现国家和民族的美好前途和未来为基本方向，会员们共同的心声是创造"少年中国"，他们代表了那一代将个人命运与国家命运紧紧相连的先进青年知识分子，重温他们当时激昂的话语仍能感受到他们对祖国的拳拳之心，正是以此为起点，他们讨论各种新思潮，争论各种现实问题，进行着救亡图存的尝试和努力。

---

① 陈启天：《少年中国学会问题》，《少年中国》，1921 年第 3 卷第 2 期，第 25 页。

第二章 马克思主义中国化研究的新视角

不断探索新视角、新维度是推动马克思主义中国化研究朝纵深发展的必然要求。马克思主义中国化的要义是马克思主义基本原理与中国具体实际的结合。但理论与实际不会自动结合，需要主体的推动，主体与理论、主体与实际的结合状况对于主体将理论与实际进行的结合有奠基性影响。在马克思主义中国化进程中，主体与理论的结合，包含着主体如何获得、如何提取、如何理解理论等各种各样的问题，也就是主体如何接受理论的一系列问题；主体与实际的结合，包含着主体如何掌握、如何分析看待实际中的各种问题，是主体如何接受实际的问题。主体是理论与实际得以结合的中介，是马克思主义中国化的主导者和推动者。主体与理论、与实际问题的结合方式、结合程度、结合结果等基本情况会深刻影响理论与实际的结合，也就影响马克思主义中国化的推进状况。深化马克思主义中国化研究特别是历史进程的研究，拓展当前的研究视域和深化已有研究，需要以主体为出发点，探索主体对理论的接受状况、对实际的接受状况，在此基础上展开更具针对性和具有时代性的研究。

第一节 马克思主义中国化历史进程的解读

马克思主义中国化历史进程的推进涉及众多的时间、地点、人物、事件，是非常复杂的社会现象，如果从单一的视角来理解，不仅局限明显，而且难以阐明，从多个维度展开认识更符合实际，也利于较为全面地掌握这个问题。在马克思主义中国化研究领域中，主体问题的提出旨在解决"谁"推动了马克思主义中国化的发展，相比其他理论问题，主体问题的提出并不算早。2009 年复旦大学俞吾金教授明确提出应认真反思"马克思主义中国化的主体及其局限性"[①] 的问题，此后马克思主义中国化主体的研究性文章不断增多。或许正因

---

① 俞吾金：《对马克思主义中国化主体的反思》，《探索与争鸣》，2009 年第 1 期，第 7~10 页。

为在主体问题被重点关注以前，学者们对马克思主义中国化其他理论问题的讨论已经展开，比如科学内涵、历史经验、基本进程、马克思主义与传统文化的结合等，主体问题的认识和讨论一开始就有所依托但同时也有所偏颇，虽然承认主体的存在以及承认主体对中国化的推动作用，但并不是以主体为起点，沿着主体的思想和行为的展开来把握马克思主义中国化的历史进程，而是在已经确定的历史进程中探讨主体是谁。这种研究思路只是将前期没有明确指出的主体明确地指了出来，但一定程度上忽视了或弱化了主体在推进马克思主义中国化进程中的实际作用。从历史唯物主义的角度来分析马克思主义中国化的推进，必须认识到客观物质环境所发挥的不以人的意志为转移的历史作用，但也不能漠视或弱化主体的作用。主体是马克思主义中国化过程中最活跃、最关键的因素。马克思主义中国化的推进特别是开创不可能自然而然或轻而易举，是一系列历史主体有目的、有意识地展开艰苦卓绝的活动的结果，凝结着历史主体的努力和智慧。历史主体一方面是各种理论问题和实践问题的提出者，另一方面又是能利用条件和创造条件解决问题的行动者。没有历史主体的自觉能动性，马克思主义中国化就不可能推进和取得成果。也就是说，把握马克思主义中国化的历史进程，既要看到社会实践发展的客观性和必然性，也应引入主体及其能动性维度的分析，应沿着主体思想和行为的脉络梳理马克思主义中国化的步步展开。

一、马克思主义中国化的历史进程是主体与马克思主义不断结合的过程

何谓主体？马克思在《1844年经济学哲学手稿》中说，"无论是劳动的材料还是作为主体的人，都既是运动的结果，又是运动的出发点"[1]，又说"人始终是主体"[2]。在这里马克思是从人通过繁衍后代使自身重复出现的角度将人视为主体。1857年马克思在《〈政治经济学批判〉导言》中说："主体是人，客体是自然。"[3] 马克思是在阐发生产过程时将人与自然的关系阐发为主、客

---

[1]　中共中央马克思恩格斯列宁斯大林著作编译局：《马克思恩格斯文集》（第1卷），人民出版社，2009年，第187页。

[2]　中共中央马克思恩格斯列宁斯大林著作编译局：《马克思恩格斯文集》（第1卷），人民出版社，2009年，第195～196页。

[3]　中共中央马克思恩格斯列宁斯大林著作编译局：《马克思恩格斯选集》（第2卷），人民出版社，2012年，第685页。

体关系，在这里作为主体的人是真实的并非想象的、是联系外界的并非孤立存在的、是具体的并非抽象的。总之，作为主体的人是处于一定社会关系之中的"现实的人"。此外，马克思、恩格斯在他们的著作中，也曾将人以外的东西看作是主体，比如价值。① 但一般来说，主体是人，是同客体相对应的范畴，是一定社会历史条件下的能动性的现实存在。离开主体，任何认识活动和实践活动都无从进行。

分析马克思主义与中国具体实际相结合的过程，需要将主体与马克思主义相结合的过程加以分析。在马克思主义中国化领域中，主体与理论的结合至少包括以下几个内容：第一层次，主体接触到理论；第二层次，主体对理论展开认识；第三层次，主体在态度层面上认同理论。

三个层面的结合中，第一层面的结合，主体即使主观上是消极的，也可以实现，因为主体可以是被动地接触到外界的信息；但其他阶段的结合，只有主体积极、主动才能进行。三个阶段中，主体可能会按顺序实现依次递进，也可能在某一个阶段时就戛然而止不再前进。几个阶段的结合中，第三阶段的结合至关重要，没有态度上对理论的认同，主体将不会推动理论与实际相结合，马克思主义中国化就无法开展。紧接而来的问题是，将三个阶段的结合都纳入马克思主义中国化的范围是否合理？探寻马克思主义中国化需要遵循科学的方法论原则，这其中应该包括起点和终点相贯通的原则，有因才有果，有果必有因，从果可以追溯因。没有第一阶段的主体与理论的接触，就不会有后面两个阶段的主体与理论的结合，没有主体与理论的结合，也不会有主体将理论与实际相结合。主体与理论的结合，是主体将理论与实际相结合的前提和准备，也就是马克思主义中国化得以展开的基础。从这个意义上来说，从第一阶段的结合开始，都应该纳入马克思主义中国化的范围中来。

马克思主义是自外而内进入中国的外来思想文化，并非中国本土内生。中国人与马克思主义的接触，有学者提出可追溯到 1871 年天津教案后，清政府官员在法国亲眼看见巴黎公社起义。② 作为马克思主义具有标识性特征的"马克思"的名字等符号以中文形式出现在中国则是在 1899 年，来自由外国传教士李提摩太翻译，中国人蔡尔康撰文，刊登在外国教会所办的《万国公报》

---

① 中共中央马克思恩格斯列宁斯大林著作编译局：《马克思恩格斯文集》（第 5 卷），人民出版社，2009 年，第 179~180 页。

② 姜喜咏：《马克思主义之中国接受的起点问题》，《观察与思考》，2016 第 9 期，第 28~33 页。

之上的《大同学》一文，当时的写法已经是"马克思"。[①] 但这种写法还是偶然所为，到 123 期时，用的是"马客偲"。[②]《大同学》并非是为传播马克思主义，但一定程度上也为中国人在中国境内更好地接触这一理论提供了机会。20世纪早期，一些知识分子陆续将自己在国外生活、留学所接触到的马克思主义传递到了国内，在国内流通的一些书籍、报刊，比如《解放与改造》等，逐渐出现了明确包含有马克思主义的相关信息或文章，这极大地促进了更多中国人与马克思主义的接触。总体来说，19 世纪下半叶到 20 世纪初，中国人与马克思主义的接触，既有机缘巧合的碰到，也有外国人无意识的传播，当然更有中国人有意识地去探寻的结果。但总的来说，这时中国人与马克思主义的结合还处于结合的第一阶段。在这之后，中国人与马克思主义的结合逐步升级。1906 年朱执信作《德意志社会革命家小传》，发表于《民报》，其中大篇幅讲了《共产党宣言》和《资本论》，简单分析了其中的一些观点，其中也流露出对马克思主义的某种程度的认可，但主要是介绍其内容，目的是以此借鉴进行革命，这属于第二阶段——"认识层面"的结合。1919 年李大钊作《我的马克思主义观》，已经将马克思主义作为主要分析对象，目的在于促进这个学说"在我们的思辨中，有点正确的解释"[③]，文中明确表达了对这一理论的认同，正因为这种认同使得此文充满了理论传播的热情，这属于第三阶段的结合。当中国人与马克思主义这个理论的结合进入这个阶段后，马克思主义中国化才实质性地拉开大幕。

马克思主义与中国实际相结合的中国化进程，离不开主体与马克思主义相结合的进程，也就是中国人对马克思主义从接触到展开认识再到形成认同的一整个接受过程。探索马克思主义中国化的进程，需要追溯不同社会环境下，中国人与理论的结合状况。在不同的时代背景和社会条件下，中国人与马克思主义的结合状态并不相同，因为每一代人所面临的基础不同。在当今中国，马克思主义早已成为国家意识形态，人们接触马克思主义，不论是原生态理论，还是中国化的理论，渠道多种多样，资料丰富全面，人们有许许多多方便且快捷的途径能接触到这一理论。19 世纪末 20 世纪早期的问题如今早已不是问题，但新的问题也将产生，比如各种各样的文本会造成人们的选择困扰。也

---

① 李提摩太译，蔡尔康撰文：《大同学第一章今世景象》，《万国公报》，1899 第 121 期，第 13 页。

② 李提摩太译，蔡尔康撰文：《大同学第三章相争相进之理》，《万国公报》，1899 第 123 期，第 16 页。

③ 中国李大钊研究会：《李大钊全集》（第三卷），人民出版社，2013 年，第 2 页。

就是说中国人与马克思主义的结合状况随着实际条件的变化而发生变化，在不同的实际条件下将有着很大的不同。

追溯马克思主义中国化的历史进程，特别是起步阶段的研究，厘清中国人与马克思主义最早结合的这段历史，探索人们如何接触、如何认识又何以认同这一理论，需要还原中国人最初是马克思主义接受者的身份，从中国人与马克思主义的最初关系中，从纷繁复杂的史实中抽丝剥茧，才能看清人们为何以及如何将马克思主义用于中国具体实际。

二、马克思主义中国化的历史进程是主体不断掌握中国实际的过程

马克思主义中国化的展开，除了主体与理论的结合，还包括主体与中国实际的结合，这是两个过程，当然也可以同步进行。理论的创始人与理论是天然结合在一起的，对于他们来说，无需讨论与理论的结合问题，那么对于中国人，是否需要讨论与中国实际的结合问题？中国人生活在现实的中国环境之中，亲身置身于和体验着中国各种具体的实际问题，甚至应该说，中国人本身就是中国实际的一部分。所以，就算说中国人与中国实际是天然结合在一起的，也并没有错。但是，这并非就是中国人与中国实际相结合的全部内容，或者认为无需讨论中国人与中国实际的结合问题。这里首先需要解释，在马克思主义中国化研究中，应如何理解"中国实际"。

1938年10月毛泽东在《论新阶段》中提出马克思主义中国化命题时，就提出了不能离开"中国特点来谈马克思主义"[①]。1939年12月毛泽东在中共中央政治局会议时又再次说到中国有特殊情况，马克思主义不可能一下子就中国化了。1943年，《中国共产党中央委员会关于共产国际执委主席团提议解散共产国际的决定》中提出，党的整风运动，就是要使马列主义同"中国革命实践、中国历史、中国文化深相结合起来"[②]，强调的都是从"中国"这个全局层面、总体层面去把握的"实际"。也就是说，在马克思主义中国化领域中，马克思主义要与之结合的"中国实际"并非单指一个一个具体的、琐碎的实际问题，也包含宏观层面的"中国实际"。

如果把涉及社会全局的现实问题视为宏观层面的中国实际，那么只涉及少

---

① 毛泽东：《论新阶段》，《解放》，1938年第57期，第37页。
② 中共中央文献研究室：《毛泽东文集》（第三卷），人民出版社，1993年，第23页。

数人的、局部的、具体的现实问题，应该称为微观层面的中国实际。"微观"的意思本就是指"小范围"或"部分"，人们生活于其中的，以及在日常生活中所听、所看、所感的具体实际，实质上都属于微观层面的"中国实际"，而介于微观与宏观层面的实际问题则可看作中观层面的中国实际。在马克思主义中国化领域中，主体与实际的结合，从广义上来理解，就应该包括三个内容，即主体与微观实际、中观实际、宏观实际的结合。从狭义上来说，指的应是主体与宏观层面的实际的结合。主体与宏观实际的结合，是以主体与微观实际的结合为基础的。如果说主体与微观实际的结合，主要是通过"观察"，那么与中观、宏观实际的结合，主要方法则必须以"调查"为主了。从而，主体与实际的结合至少包括以下三个阶段：第一，主体通过观察，对微观层面的实际问题进行认识和把握；第二，主体通过调查，对实际问题形成较为全面的认识，对实际问题的把握从微观层面逐渐上升到中观或宏观层面；第三，主体对宏观实际问题展开逻辑分析形成科学认识。如果说在主体与"马克思主义"的结合中，关键点是主体对理论的认同，那么在主体与"中国实际"的结合中，关键点应是主体对宏观实际问题的逻辑分析和科学判断，这是理论之所以能与实际相结合并能取得成效的根源。

　　微观实际问题的基本特点是复杂性和动态性，通常情况下，身处其中的普通民众都能在某种程度上进行与微观层面的实际问题的结合，也能通过一些方式和手段接触到中观、宏观层面的实际问题，但要全面认识和科学判断宏观实际不是一件容易的事，需要主体具备不断超越自身生活局限的胸怀和视野，还需要主体具有丰富的经验以及经历长时期的思维锻炼，也要求主体既要了解中国的历史与现实，又要熟悉世界的基本趋势与总体状况，还要知晓人类社会的发展阶段与时代特征。革命战争时期，毛泽东深入湘潭、寻乌、永新等农村地区进行调查，了解当地土地占有情况、农民基本生活和运动情况，在广泛调研和深入思考基础之上，完成《湖南农民运动考察报告》等调查报告，通过掌握农村与农民问题的真实情况，清晰看到了农民在中国革命全局中的极端重要性，为开展土地革命奠定了坚实的基础。新中国成立早期，在朝鲜战局稳定、国民经济基本恢复的基础上，党中央启动了对农业、手工业和资本主义工商业的改造，1953 年中央统战部部长李维汉带领调查组对资本主义工商业较为集中的大城市进行调研，完成《资本主义工业中的公私关系问题》的调查报告，为资本主义工商业的改造提供了确实依据。改革开放时期，邓小平在武昌等地视察，用丰富的事实科学回答了改革开放以来困扰人们思想的许多重大问题，为中国特色社会主义道路的继续深入坚定了信心。

马克思主义中国化历史进程的展开，就是各类主体通过各种方式与中国实际进行结合的过程，是各类主体从纷繁复杂的社会现象中抓住要点，并以此为基础进行审慎思考和理性判断，不断推进对中国实际特别是宏观实际的把握，从而将马克思主义融入中国实际的过程。

三、马克思主义中国化的历史进程是主体将理论与实际不断结合的过程

马克思主义中国化的历史进程是主体促进理论与中国实际日益结合的过程。主体与马克思主义的结合、与中国实际的结合是马克思主义中国化的准备，关键步骤还在于主体将理论与实际进行结合。在马克思主义中国化的研究中，不能单纯认为只有第三种结合才有意义，没有前两种结合，第三种结合是无法实现的。主体作为推动者，实际上是理论与实际相结合的中介。没有主体的推动，理论与实际不可能自动结合，因为二者均没有主体性。只有通过主体，理论与实际才能实现真正的统一，马克思主义中国化才能发生和推进。在推动理论与实际结合的过程中，主体自身也得到发展。主体与马克思主义的结合是一个动态的过程，其动态性在于，马克思主义虽然是一个完整的理论体系，但主体只能推动与自己结合的马克思主义与实际进行结合。同样，中国实际内容丰富，但主体也只能推动"与自己结合的实际"与理论进行结合。从这个角度来看，马克思主义中国化的推进，既取决于主体与马克思主义的结合状况，也取决于主体与中国实际的结合状况。从而，对马克思主义中国化历史进程的研究，需要区分开两个问题：其一，"马克思主义"和"实际上与主体进行结合的马克思主义"；其二，"中国实际"和"事实上进入主体视野被主体所掌握的中国实际"。主体与理论或中国实际的结合情况将影响理论与实际能否相结合以及结合程度的情况。

正如主体与理论的结合、主体与实际的结合会出现不同的阶段一样，理论与实际的结合也至少包括三个方面的内容。第一，主体运用理论分析实际；第二，主体运用理论改造实际；第三，主体在实际中发展理论。1920年陈独秀在《上海厚生纱厂湖南女工问题》中分析工人工资时运用了"马克思底学说"[1]，属于第一层次的结合；中国共产党运用马克思主义的阶级斗争理论指导中国工农阶级开展革命运动，属于第二层次的结合；毛泽东思想等中国化

---

[1]　陈独秀：《陈独秀文集》（第二卷），人民出版社，2013年，第14页。

马克思主义的诞生，以及我国在中国化马克思主义的直接指导下实现的发展则属于第三层次的结合。在这三个层次的结合中，第二层次的结合是其中的枢纽，没有理论在实践层面上对实际问题的指导，理论的价值不能充分体现，理论也不会从原生态的理论发展为中国化的理论。

主体要推动理论与实际的结合，还需要准确判断中国实际所处的时代背景。20世纪40年代，毛泽东指出，"现在的世界，是处在革命和战争的世界新时代"[①]。20世纪80年代，邓小平指出，"和平与发展是当代世界的两大问题"[②]。党的领袖就是在准确判断中国所处的时代特征的基础上，才推动了马克思主义与中国实际的最佳结合，科学指出中国的发展方向和前进道路。

在马克思主义中国化历史进程中，能推动理论与实际进行结合的主体，不仅有个人主体，也包括组织主体。个人主体与理论的结合、与实际的结合、推动理论与实际进行结合，处于最基础的层面，但也不能忽视组织主体的存在和作用。在本书中，我们将以少年中国学会为组织主体分析其在马克思主义中国化进程中的作用和意义，主要从以下几个方面展开：少年中国学会与马克思主义进行结合的状况、与中国实际进行结合的状况、在推动马克思主义与中国实际相结合的过程中发挥的作用。从这些方面进行审慎思考和科学判断，能更好更全面地把握少年中国学会在马克思主义中国化进程中的意义。

第二节 接受研究与马克思主义中国化

马克思主义认为理论转化为物质力量的前提是掌握群众，理论只要彻底就能说服人，就能掌握群众。理论掌握群众应该包括三个"彻底"：第一个是理论本身的彻底，第二个是传播的彻底，第三个是接受的彻底。第一个和第二个"彻底"都以第三个"彻底"为目的。三个"彻底"分别对应三个责任主体。第一个对应的是理论的创造者，第二个对应的是理论的传播者，第三个对应的是理论的接受者。理论的创造、传播都以理论的接受为目的，即第一个和第二个"彻底"都为第三个"彻底"服务。1885年恩格斯在给查苏利奇的信中说道："得知在俄国青年中有一派人真诚地、无保留地接受了马克思的伟大的经

---

① 毛泽东：《毛泽东选集》（第二卷），人民出版社，1991年，第680页。
② 邓小平：《邓小平文选》（第三卷），人民出版社，1993年，第104页。

济理论和历史理论……我感到自豪。如果马克思能够多活几年，那他本人也同样会以此自豪的。"① 理论的创造、传播、接受是三个既相互联系同时又相互区别的问题。理论的接受问题是理论掌握群众从而将理论转化为物质力量的关键问题。

就马克思主义理论体系而言，第一个"彻底"由马克思主义经典作家和马克思主义理论家完成。自青年时代起，马克思、恩格斯就将自己的一生托付于指引全世界无产者投入推翻资产阶级并取得成功的伟大斗争中，为完成使命，他们毕生致力于为无产阶级改造世界锻造科学且强大的理论武器，他们为理论的彻底性奋斗终生。在当代中国，马克思主义的传播有着坚实的物质基础和制度保障，有专业的传播者队伍，比如高校思想政治理论课教师；也有着多样的传播渠道，包括书籍、报刊、互联网等；还有着丰富的传播内容，比如经典作家的传记、从原著到导读本的各种经典著作相关读本，应该说为实现马克思主义传播的"彻底性"提供了坚实的基础。但是，正如理论的创造者不完全等同于理论的传播者一样，责任主体发生了变化，从传播到接受，主体也在发生变化。这种变化产生的一个直接结果是"理论的彻底"并不必然意味着"传播的彻底"，而"传播的彻底"也并不必然带来"接受的彻底"，三者的过渡并非自然而然水到渠成。接受主体并非机械的收纳袋，而是有思想、有意识的主体，并且不同接受主体在知识水平、认识能力、思维方式、个人经历、理论兴趣等方面有诸多区别。也就是说，接受者对理论的接受问题，并非一个完全受理论的创造者和传播者主导的过程。因此理论的接受问题应该认真对待，即使是在当今理论传播的条件已经十分充裕的前提下，接受问题也应该提上日程。甚至应该说，随着社会成员知识水平、认识能力不断提高，接受问题更应受到重视。

前文已经分析过，马克思主义中国化涉及主体与理论的结合问题，因为理论与实际的结合是中国化的基本要求，主体与理论的结合状况将影响理论与实际的结合状况。从而，探索马克思主义中国化的历史进程，也就需要探究中国人与马克思主义的结合过程，也就是包括接触、认识、认同在内的整个过程。马克思主义并非中国本土理论，中国人与之结合的问题，首先就是中国人对这一理论的接受问题。"马克思主义在中国"能否转化为"马克思主义中国化"，主体对理论的接受至关重要。以下，将对马克思主义中国化进程中的理论接受

① 中共中央马克思恩格斯列宁斯大林著作编译局：《马克思恩格斯选集》（第 4 卷），人民出版社，2012 年，第 574 页。

问题作详尽的分析。

一、接受问题的现实存在是其成为马克思主义中国化研究关切的基本依据

（一）接受关系是中国人与马克思主义的初始关系

马克思主义是理论创始人以西欧实践和文化为主要土壤创立的科学理论体系，马克思主义从发源地向外传播进入不同的国家，这些国家产生了对这一理论体系的接受问题。马克思主义并非中国本土文化，中国与马克思主义的关系首先是接受关系，其他问题都由此衍生。

在各国对马克思主义的接受过程中，只有中国等少数国家肯定、选择并始终坚持马克思主义，苏联也曾选择过但后来放弃了。中国对马克思主义的接受具有自身独特的个性和逻辑。这里的"中国"不只是地域概念，更是主体概念。毛泽东在提出马克思主义中国化命题时就指出了中国的主体性，毛泽东一再强调马克思主义要与中国实际斗争、中国革命实践、中国历史、中国文化相结合。我们不能只将注意力放在"中国的……"，并对此加以延展，提出更多"中国的……"，实际上"中国的……"难以穷尽，总是挂一漏万，应该关注的点是"中国"本身，即中国的主体性。在马克思主义中国化研究中强调中国的主体性，就是要将中国在接受马克思主义过程中的能动性和特殊性作为研究对象，只有如此才可以解释为什么马克思主义进入不同的国家，但只有在中国取得了国家意识形态的地位；才可以解释为什么中国虽没有出现过普列汉诺夫那样的早期研究者但仍然选择了马克思主义；才可以解释19世纪末20世纪初存在于文本中的马克思主义并未引起中国人的强烈关注，而通过俄国十月革命这一重大事件再次出场的马克思主义迅速被中国人广泛关注和认可。还原中国对马克思主义最初的接受者身份，是确立中国的主体地位的必要环节，因为中国与马克思主义的互动基于接受，是以接受为基础的运用、发展和创新。

（二）接受问题贯穿马克思主义中国化历史进程

首先，个体的接受拉开了马克思主义中国化的序幕。19世纪末20世纪早期资产阶级改良派和革命派、无政府主义者、无产阶级知识分子等多个群体都接触到了马克思主义，但不同群体的反映状况差异较大，李大钊、陈独秀等先进分子最先看到这一理论对于改造中国的巨大价值，率先肯定、赞扬这一理

论，并对其展开研究和有意识的传播，还将之与工人运动相结合，创立了中国共产党，他们的接受活动促成了马克思主义中国化的历史性启程。其次，中国共产党对马克思主义的接受状况与马克思主义中国化的推进紧密相关。马克思主义中国化命题的提出是毛泽东针对当时党内出现的理论的教条式接受的反驳，也是党接受外来先进文化探索的结果。马克思主义中国化两大理论成果是党领导人民群众在实践斗争中既继承经典又超越经典的鲜明体现，是党在马克思主义接受过程中创造性运用和阐释的结晶。同时有的党员在马克思主义接受问题上的某些失误也对中国化产生消极影响，比如早期的一些共产党员过于重视阶级斗争学说，一定程度上弱化了对马克思主义理论体系中其他内容的掌握，"把马克思主义归结为阶级斗争，这种认识是有片面性的。在中国共产党领导社会主义建设实践中，其消极影响就显露了出来"[1]。再次，人民群众对马克思主义的接受状况是马克思主义中国化不断展开的现实基础。毛泽东曾说："马克思列宁主义来到中国之所以发生这样大的作用，是因为中国的社会条件有了这种需要，是因为同中国人民革命的实践发生了联系，是因为被中国人民所掌握了。"[2] "需要""掌握"说的就是人民对理论展开接受的状况。人民群众的接受不仅表现为对马克思主义有关理论文本的阅读与理解，还具有其他丰富的表现，比如新民主主义革命时期人们用生命保护《共产党宣言》的文本。[3] 又比如新中国成立后，普通人家将马克思、恩格斯的画像张贴在家中。不同阶层、不同团体、不同职业群体对马克思主义的认识、反应、态度共同构成了人民群众接受马克思主义的丰富画面，来自四面八方的各种力量相互碰撞汇聚，形成中国人对马克思主义的接受合力，正是这股合力促进了这一理论与中国革命、建设和改革的具体实践相结合。

（三）接受研究应在马克思主义中国化研究中受到重视

接受问题的现实存在表明，在剖析马克思主义中国化历史进程中，应有接受研究的相应位置，但目前的研究状态并不如此，这将制约马克思主义中国化的深入推进。接受问题在现有的马克思主义中国化研究中主要以四种形式出现：第一种是对接受问题进行专门研究，比如王瀚林的《党在接受马克思主义

---

① 刘林元：《对马克思主义中国化历史进程的深度思考》，《阅江学刊》，2011 年第 4 期，第 6 页。
② 毛泽东：《毛泽东选集》（第 4 卷），人民出版社，1991 年，第 1515 页。
③ 王增勤：《〈共产党宣言〉中文首译本在中国农村的传奇》，《党史文苑》，2008 年第 3 期，第 32～36 页。

过程中的教训》①、周德清的《〈巴黎手稿〉中国接受史研究》②、刘招成的《建党前中国人对〈共产党宣言〉的接受述论》③、姜喜咏的《马克思主义之中国接受的起点问题》④、张波等的《清末士大夫群体的马克思主义接受史》⑤。第二种研究虽然没有冠之以"接受"之名，实质上已是接受领域中的问题，比如陈金龙提出分析社会各阶层、各党派对马克思主义中国化的态度和反应具有较大的研究空间⑥；皮家胜提出中国人理解并接受马克思主义，并将之变成自己的思维方式的主观条件是马克思主义中国化的逻辑前提问题⑦；田子渝等提出戴季陶曾经热情宣传马克思主义，但后来却成为反马克思主义最甚的人是值得认真思考的问题⑧。这些都关涉主体如何对待、提取、吸收理论，是接受层面的具体问题。第三种是由其他问题所引发的接受问题研究，从传播论及接受较为多见，比如徐洋等的《〈资本论〉在中国的翻译、传播和接受（1899—2017）》。⑨ 从传播论及接受是研究辩证发展的必然趋势，但接受问题因作为传播问题的对立面而出现，不可避免地从一开始就带有从属性质，这种从属性导致在研究中接受问题的自有逻辑不受重视，接受者的自主性被轻视，接受问题会被简单化、粗糙化，甚至被传播问题掩盖。实际上传播只是为接受提供了条件，接受有其自身的逻辑，这一逻辑并不从属于传播的逻辑。传播是将信息传递给别人，传播者自身只是中间环节；而接受强调了主体自身对信息的反应和态度等主观状况。传播不等于接受。传播的目的在于促进接受，而非传播本身，更不是相反。传播者与接受者分属两端。当然，有的人会因对理论的"接

---

① 王瀚林：《党在接受马克思主义过程中的教训》，《群众》，1995年第4期，第53页。

② 周德清：《〈巴黎手稿〉中国接受史研究——考察马克思主义哲学中国化的一种微观视角》，《湖北社会科学》，2015年第11期，第5～10+96页。

③ 刘招成：《建党前中国人对〈共产党宣言〉的接受述论》，《史学月刊》，2013年第7期，第60～65页。

④ 姜喜咏：《马克思主义之中国接受的起点问题》，《观察与思考》，2016年第9期，第28～33页。

⑤ 张波、刘太行：《清末士大夫群体的马克思主义接受史》，《知识文库》，2017年第9期，第3～5页。

⑥ 陈金龙：《深化马克思主义中国化研究的若干思考》，《教学与研究》，2006年第2期，第5～11页。

⑦ 皮家胜：《马克思主义中国化的历史与逻辑前提》，《马克思主义研究》，2009第11期，第92～100+160页。

⑧ 田子渝、蔡丽、徐方平、李良明：《马克思主义在中国初期传播史（1918—1922）》，学习出版社，2012年，第24页。

⑨ 徐洋、林芳芳：《〈资本论〉在中国的翻译、传播和接受（1899—2017）》，《马克思主义与现实》，2017年第2期，第9～21页。

受"发展为对理论的"传播",从而既是接受者又是传播者,有了双重身份。但要注意的是,其接受者身份是先于传播者身份的。就如在马克思主义进入中国早期,当时的很多人留下了与马克思主义有关的文字,因为文章刊登于公开的刊物上,而刊物多地发行,他们一定程度上成了马克思主义的传播者。实际上,他们最初都是马克思主义的接受者,他们的文章所表达的主要是对这个理论的看法与认识,虽然把他们视为传播者并没有错,但更应该注意的是他们的"接受者"身份。在马克思主义中国化进程中,传播者只涉及少部分人,普通大众与理论的关系用"接受"来表达和展开研究更为贴切和真实。马克思主义中国化进程的推动,并非少部分人的功绩,应将大部分人的思想和行为纳入分析,因此接受研究理应受到充分关注。这里并不是进行"接受"与"传播"的概念之争,而是认为,在描述少数精英或者普通大众与马克思主义的初始关系时,"接受"都更为真实和准确。因此,马克思主义中国化研究的深入推进应该传播的问题归传播,接受的问题归接受,将接受问题作为一个独立的问题对待。

第四种接受研究,主要是围绕不同人群特别是当代大学生对马克思主义中国化理论的接受状况展开。在现代中国社会,一方面,基于高校课程的安排,大学生群体作为马克思主义接受者的身份是确定无疑的;另一方面,要不断夯实马克思主义在国家意识形态领域中的地位,需要关注人们特别是青年对此的接受状况,因此大学生等群体的马克思主义接受研究已经受到关注。的确,当今社会,虽然马克思主义的传播有了物质和制度上的保障,随着人们思想活跃度不断上升、个性意识不断提高、各种理论思想不断丰富,马克思主义的接受问题需要高度关注。但是,并不能简单认为,只有在现代社会,当马克思主义的"传播"已经不成问题时,"接受"问题才需要关注。实际上,当马克思主义进入中国早期,传播条件十分有限,人们自发靠近这一理论,最终选择这一理论,这个阶段的接受问题也颇值得研究,而且能为今天的接受问题提供重要的有益借鉴。再进一步来说,马克思主义的接受问题,并非现代社会才出现的新问题,而是一直存在于"马克思主义在中国"的整个历史阶段中,尤其是在"马克思主义进入中国的早期"更值得注意,因为这与"为什么选择马克思主义"这个关系近代中国基本走向的问题密切相关。中国选择了马克思主义早已是不争的事实,"选择"的基础是"接受",是中国人在"接受"大潮中所形成的主流倾向和意见,"为什么选择"就是接受层面的问题。

接受研究,并非将之作为找不到研究角度而选择的研究避难所。首先,接受研究是基于历史的真实而提出的。不同的人面对马克思主义有不同的反应和态度，有时意见纷呈，甚至意见冲突，所呈现出来的是马克思主义进入中国后，并非落地开花，马上被关注、被认同、被运用，而是有着各种丰富的回应，这是历史的真实。任何理论研究都不可能展现历史的全部，但需要努力还原真实，基于历史真实做出判断。在理论研究中，如果只关注人们对马克思主义的某一种反应，而忽视与之并存的其他反应的存在，那样得出的结论就会具有片面性，难以完全说服人。第二，理论研究的目的在于对现实有所启示，现实生活中，先进分子对马克思主义的认同与选择并没有困难，而分析真实接受状况中的多种表现，有助于看清为何有的人选择而有的人不靠近或不选择马克思主义的原因，从而为当今社会更好地树立马克思主义观念或信仰提供借鉴。也只有在揭示对马克思主义的各种反应和态度中才更能体会"选择"马克思主义的正确之处以及来之不易，从而对首先或始终坚持这种正确选择的先进分子抱有最真诚的钦佩与尊敬。

接受研究的提出在于将接受作为独立问题进行研究，从接受状况的丰富表现中梳理接受本身的逻辑，探索接受中主流趋向的形成原因，为当代更好更快地接受马克思主义提供借鉴。接受研究中的"接受"这个概念，是表示主体与并非自己所创造的思想文化客体之间的体认关系的综合性概念，是从主体接触思想文化就开始的一系列互动的总称，涵盖主体对思想文化客体的认识和态度。

这里的"接受"不是"认同"的同义词。接受，首先是通过听或看的方式注意到了马克思主义，在这个过程中，接受者可以是被动的一方，在各种机缘巧合下接受到别人传递过来的信息。被动接受到的信息，接受者不一定会留下印象，有可能很快就会翻篇。举例来说，1871年清政府的官员机缘巧合下亲历巴黎公社起义，由此接触到马克思主义的一鳞半爪，翻译官张德彝虽将这段奇遇写进日记，但此后对此再无其他讨论，可见对此的关注很有限。当然接受者也可以是主动的一方，主动去靠近马克思主义，获取相关的信息，主动去靠近表明接受者对这个理论一开始就充满兴趣和热情。总的来说，接受只是表明了人们已经接触到、知晓了马克思主义。接受，是"施"与"受"中"受"的一面，在"受"的过程中，受者虽然作为主体参与了整个过程，但或许是因为没有主体意识的消极参与，此时的"受"只是作为"施"的一种对应物。"认同"则不同，"认同"必然伴随着主体意识的参与，是主体的自觉行为，表达了主体对理论的肯定。"接受"可以是社会整个思想文化环境造成的，而"认同"则更进一步发生在个人的思想领域内。也就是说，在主体与理论的关系中，"认同"只是"接受"之后可能出现的一种结果。当马克思主义成为历史主体认同的理论，历史主体才会自觉地将其与中国实际结合在一起，也只有这样，马克思主义中国化才能真正起步。因此主体的主体性是决定某一理论能否从"接受"走向"认同"的重要因素。

"接受"不等同于"认同"，所以前文提到的"主体与理论的结合"（简称结合问题）与这里所论述的"主体对理论的接受"（简称接受问题）也不完全等同。结合问题强调主体与理论互动后走向"认同"，接受问题强调主体在接触理论后的各种走向，"认同"是其中之一。也就是说，相比结合问题，接受问题更为宽泛。虽然，对于个体主体而言，与理论的关系只有一种最终结果，但是主体与理论的互动在具体的、复杂的社会环境中，将是一个反反复复的过程，在一定时期内，也许主体未必会走向"认同"，但随着主客观条件的变化，结果也可能会发生变化。并且，对于更广泛的人群而言，人们接触理论之后会产生多种结果，如果学术研究只关注到一种结果，忽略了其他结果的存在，这本身是不完备的，我们需要的是实事求是，直面各种结果，然后从中梳理出主流趋向是如何产生的。也就是说，在马克思主义中国化研究中，人们对马克思主义的"认同"是能走向中国化的基础，但研究不能只关注"认同"这个问题，还需要梳理人们与理论的互动所产生的各种其他结果，然后才能更科学、更清楚地分析"认同"这一主流思想是如何形成的，即要研究清楚"结合问题"就应从"接受问题"开始，"接受问题"的提出是基于对"结合问题"的进一步思考，是基于对主体与理论互动会产生的各种可能性结果的思考。但总体来说目前接受研究还相对薄弱，第二、三、四种研究出现较少，第一种研究还未充分展开。深化马克思主义中国化研究就应该查漏补缺，将之作为进一步努力的方向。

二、马克思主义中国化接受研究的借鉴

1937 年本雅明就已使用"接受史"这一术语，但接受史研究得以发展是在接受美学产生之后，1967 年联邦德国的姚斯以其《文学史作为向文学理论的挑战》宣告了接受美学的诞生，姚斯认为文学史就是文学作品的消费史，从而文学史就是文学接受史。[①] 20 世纪 80 年代，接受美学传入国内，接受史研究因其特殊的方法论意义不仅广泛应用于文学领域，还被社会学、政治学、教

---

　　① 〔联邦德国〕H. R. 姚斯、〔美〕R. C. 霍拉勃：《接受美学与接受理论》，周宁、金元浦译，辽宁人民出版社，1987 年，"译者前言"第 6 页。

育学、历史学等学科所借鉴，有成为独立研究范式之趋向。① 接受史有其独特的研究视角，对其批判地吸收可有助马克思主义中国化研究。

第一，重视读者（接受主体）是接受史研究的根本点。接受史研究将文学研究的关注焦点从作家、作品向长期被忽视的读者转移，把读者放在了重要的位置，与姚斯同称为接受美学双星的伊瑟尔的全部理论都在研究读者在接受过程中与本文的互动。② 因此接受美学也被称为读者学。重视读者并将其置于研究中心，重视读者在作品价值生成中的作用，这种研究视角的转移虽使作者在作品意义创造中原有的权威地位受到挑战，但使作品意义的决定者从处于过去语境的作者转移为处于现实语境的读者，大大扩展了研究空间。这对马克思主义中国化的接受研究至少有两方面的启示意义。首先，马克思主义中国化中同样存在这样的三者关系：马克思主义经典作家、马克思主义理论体系、中国人。长期以来，研究的关注点集中于马克思主义经典作家及其著作，忽略了中国人在接受过程中的具体表现，应将中国人作为研究重点，考察人们在接受马克思主义过程中的各种具体反应和意识，无疑能更好地揭示这一理论如何融入中国人的思想体系进而融入中国的具体实际。其次，马克思主义中国化的历史进程并非少数精英就能推动，广大民众是主体力量，要揭示这一历史进程必须关注普通民众，普通民众接受马克思主义的角度、方式、态度、程度等都将深刻影响马克思主义中国化的展开，将多数人纳入研究视域是马克思主义中国化研究的应有之义。

第二，读者的主观能动性和创造性是接受史研究的重要内容。姚斯认为："在这个作者、作品和大众的三角形之中，大众并不是被动的部分，并不仅仅作为一种反应，相反，它自身就是历史的一个能动的构成。"③ 读者的能动性体现在四个方面：其一，在接受作品之前已有一定的期待视界；其二，对作品的接受带有主观性；其三，在接受过程中会融入自己的创造性想象；其四，读者的需要左右了作品艺术生命的长短。④ 读者的能动性是其本质力量的体现，将渗透到接受的整个过程之中。接受史研究对读者能动性的重视启示我们，要充分认识中国人在接受马克思主义过程中的主观能动性，考察人们对马克思主

---

① 周德清：《中国化视域下〈巴黎手稿〉接受史研究的两个前提性问题》，《马克思主义哲学研究》，2013 年第 10 期，第 132~140 页。

② 朱立元：《接受美学导论》，安徽教育出版社，2004 年，第 70 页。

③ 〔联邦德国〕H. R. 姚斯、〔美〕R. C. 霍拉勃：《接受美学与接受理论》，周宁、金元浦译，辽宁人民出版社，1987 年，第 24 页。

④ 朱立元：《接受美学导论》，安徽教育出版社，2004 年，第 64 页。

义关注了什么、吸收了什么、发展了什么、忽视了什么以及做出这些选择的原因，以及其他主观能动性的表现。这也有利于揭示马克思主义在我国从经典形态向中国形态转变的过程性、合理性与必然性。

第三，接受史研究重视本文的召唤结构与读者创造性之间的因果关系。接受美学将"作品"与"本文"严格区分，认为本文具有未定性，没有读者参与的本文还不是作品。1970 年伊瑟尔发表《本文的召唤结构》提出本文具有结构上的空白，即未实写出来的或明确写出来的部分。① 并认为各语义单位之间的空白形成空缺，读者在阅读过程中对旧视界的否定又会引起心理上的空白，空白、空缺、否定共同构成了唤起读者"填补空白、连接空缺、建立新视界的本文结构"②。伊瑟尔认为召唤结构是激发读者创造性的基础。本文的召唤结构问题对于马克思主义中国化中的接受研究也具有重要启示。马克思主义是内容宏富的理论体系，中国人对这一理论的接受并非一步到位而是逐步完成，特别是在接受早期，人们获得的马克思主义资料相对有限，提供理论资源的文本（这里的"文本"并非伊瑟尔所说的没有读者参与的"本文"，而是已有读者参与的作品，但是这些作品的读者最初并不是中国人）又主要是各类解读性、诠释性文本，这些文本来自不同国家，作者具有不同立场，表达的观点也多种多样，中国人在接受时还需进行语言的转换，有时甚至是多次转换，使得本来逻辑严密的马克思主义在时人眼中必定存在很多空白，这对人们的接受活动将产生什么样的影响？这与人们对马克思主义的各种阐释有无联系、有何联系？这些都是有必要弄清楚的问题。

第四，接受史研究将读者的接受活动与文学的发展紧密相连。姚斯提出："第一个读者的理解将在一代又一代的接受之链上被充实和丰富，一部作品的历史意义就是在这过程中得以确定，它的审美价值也是在这过程中得以证实。"③ 接受美学认为在读者与作品不断交互的矛盾运动中，前人接受状况影响后人的接受活动，在前后相继的接受中，读者的审美标准不断提高，从而对文学的发展起到了促进作用，即接受的历史性影响了文学发展的历史性。读者接受活动与文学发展的关联性启示我们，考察马克思主义中国化历史进程的推进，可以考察不同时期人们对理论的接受状况的联系性，从而分析人们的接受活动对中国化进程的影响及作用。并且既然前后相继的接受活动将形成完整的

---

① 朱立元：《接受美学导论》，安徽教育出版社，2004 年，第 70 页。
② 朱立元：《接受美学导论》，安徽教育出版社，2004 年，第 75 页。
③ 〔联邦德国〕H. R. 姚斯、〔美〕R. C. 霍拉勃：《接受美学与接受理论》，周宁、金元浦译，辽宁人民出版社，1987 年，第 25 页。

接受链条和相对独立的接受逻辑，那么在马克思主义中国化进程中，一代又一代的中国人对马克思主义的接受所形成的接受链条和蕴含其中的内在逻辑以及早期接受状况对当今接受的影响等问题也是值得研究的内容。

接受美学诞生后激起了巨大的理论反响，也受到了不同程度的质疑，因为它本身既有合理性也有局限性。接受史研究具有自己独特的研究视角、研究框架和理路，吸收其中的有益成分对马克思主义中国化的接受研究有所裨益。但是马克思主义不同于文学作品或一般的学术理论，马克思主义的中国接受者也不只是经典著作的单纯读者，还是理论体系的传播者、实践者和发展者，因此对于接受美学中的接受史理论"决不能生吞活剥地毫无批判地吸收"①。在马克思主义中国化研究中，一方面应确立接受研究的维度，另一方面则要根据马克思主义中国化研究的特点和需要进行取舍或改造。

三、马克思主义中国化接受研究应注意的问题

唯有认清事物联系的最基本的关系，才能最终获得真知。马克思主义中国化并非单指马克思主义的中国化，也并非单指中国的马克思主义化，而是中国主体与马克思主义的交互关系，双方相互作用和相互建构。将接受问题引入马克思主义中国化研究，旨在从中国人最初的马克思主义接受者身份出发，通过分析人们在接受过程中的主体能动性，探索这一理论与中国人的结合状况。

马克思主义是具有严密逻辑体系和丰富内容的科学理论，但其在中国人眼中并非只是普通的学术理论。1906 年资产阶级革命派的朱执信在《民报》上发表《德意志社会革命家小传》，提出将马克思主义作为社会革命理论加以借鉴，因宣扬革命，《民报》遭到查禁。1912 年中国社会党刊物中刊登《社会主义大家马儿克之学说》等文章，主要信奉无政府主义的中国社会党党员认为"马氏之主张与世界社会主义、无政府主义未尝不相通也"②。中国社会党及其刊物后来也遭到查禁。20 世纪早期，马克思主义被北洋政府冠上"洪水猛兽""过激主义"的头衔，《资本论》等相关书籍遭到查禁。可以说马克思主义自进入中国就与现实政治紧密联系在一起。1921 年一群先进分子因共同选择了马克思主义而聚集并创立了中国共产党，之后党在马克思主义的指导下不断发

---

① 毛泽东：《毛泽东选集》（第二卷），人民出版社，1991 年，第 707 页。

② 林代昭、潘国华：《马克思主义在中国——从影响的传入到传播》（上册），清华大学出版社，1983 年，第 341 页。

展壮大；新中国成立后，在社会主义的建设和发展中，马克思主义逐渐确立了在我国意识形态领域中的指导地位。马克思主义在我国具有了双重文化身份，一是指导思想，二是学术思想。马克思主义的两种文化身份决定了人们对其的接受就有两种角度，一是将其作为指导思想进行接受，二是将其作为学术思想进行接受，二者并不完全相同，但相互影响、相互渗透。在马克思主义中国化的接受研究中，一方面，应清楚马克思主义在人们的视野中既有指导思想的一面又有学术思想的一面；另一方面应清楚接受研究的最终目的是促进这一真理体系成为广大人民群众共同的思想基础。在研究中应注意以下问题：

第一，深入考察接受主体主观能动性背后的物质因素。接受问题实质上是意识层面的问题，是物质基础的反应。接受主体对马克思主义关注了什么、忽略了什么、吸收了什么、理解到什么程度，都是其能动性的反应，这些反应不仅是接受主体知识结构、具体视野、个性喜好的体现，更受到特定历史阶段下物质条件的多种制约，是接受主体在现实的、具体的、错综复杂的物质关系之中所做出的具体反应，这些反应还将随着物质条件的变化而变化。接受研究不仅要揭示接受主体在主观能动性上的各种表现，还应追溯其产生的原因，即直接或间接的物质土壤。

第二，全方位展现接受对象的多样性和层次性。马克思、恩格斯的经典著作是代表其理论主旨的核心文本，他们在创作时，用特定的话语、特定的逻辑、特定的结构呈现特定的内容，赋予了经典著作特定的思想内涵，这些著作应是人们接受马克思主义的核心文本。但从历史上看，人们实际的接受对象复杂且多样，经典作家的著作只是其中之一，特别是在马克思主义进入中国早期，各种次生形态的文本充斥其间，甚至次生性文本才是当时人们获取理论资源的主要渠道。也就是说，在现实环境中，接受者所实际接受到的往往是由原著以及各种次生性文本构成的多层次、多种类、庞杂的文本群。深入挖掘人们的实际接受对象，不仅是对接受状况的生动还原，更是分析人们之所以形成这样而非那样的各种态度或观念的必须。毋庸置疑，次生形态的文本与经典作家所赋予理论的确定性思想之间存在差距，但接受研究并非止步于承认差距和找出差距，还要厘清人们从各种文本中究竟提取什么样的内容，并判断这些内容是否符合马克思主义的本质。作者表现了什么与接受者从中看到了什么，在接受研究中是同样重要但并不完全相同的两个问题，二者都具有重要意义。接受主体是在与各类实际接受对象的互动中进行自己的思想建构的，重视经典著作在接受对象中具有的核心地位与承认接受对象的多样性并不矛盾，在研究中考察接受者的各种实际接受对象是研究中必需的。

第三，细致梳理接受过程中的方向性。作为外来理论，马克思主义进入中国早期，被不同立场、不同职业、不同阶级的知识分子接受，有的激烈反对，有的半信半疑，有的肯定并升华为信仰，人们反应不一，态度迥异。在我国超越百年的马克思主义接受历程中，不同历史时期接受领域的具体矛盾也不同，20世纪早期是是否选择马克思主义的问题，为此各种社会思潮间曾多次论战；中国共产党成立后的相当一段时间则是以什么样的方式接受这一理论的问题，曾出现"本本主义"的教条式接受与结合实际的接受方式的激烈交锋。在我国长期的马克思主义接受过程中，来自四面八方的各种力量相互交错，构成了一幅复杂的接受画面，这是不容回避的历史真实，但各方力量在相互交织和碰撞中，形成的历史合力推动中国人对马克思主义的接受朝着一个总的方向前进，最终促成马克思主义成为国家意识形态。接受研究不仅要看到接受过程的复杂性，还要从接受过程的复杂性中梳理出方向性，从而揭示马克思主义之所以能在中国结出硕果的内在逻辑和根本规律。

四、"接受研究"是探索少年中国学会与马克思主义中国化关系的抓手

第一次鸦片战争之后，中国进入三千年未见之大变局中，所谓变局实际上先是困局，国家自此丧失了独立的主权和尊严，并在经济和军事上长期遭受压迫，曾经的文化自信也逐渐消散。突破困局、走出新路日益成为当时先进中国人的共同心声。人们上下求索，东寻西找，不断在各种外来新学中探求自己满意的答案，社会主义、无政府主义、实验主义纷纷登场，各种主义对中国而言，并不只是普通的学说理论，人们在谈论主义的时候，都要讨论其"是否适合中国"的问题。究竟什么可以救中国，最初人们意见纷呈。今天，历史已经昭示，对马克思主义的选择是我国突破困局的关键抉择。但中国人对马克思主义的选择并非毫无曲折，历经"接触—解读—认同—选择"一气呵成的顺畅，而是充满争论和比较，甚至反对之声也有不少。恩格斯曾清楚指出，人类历史的进步是各方力量共同作用的结果，在中国选择马克思主义这个问题上，集中体现为各种主义的相互角逐。探索马克思主义中国化历史进程的展开，就需要依据历史史料重现当时的角逐场景，为马克思主义最终因何成为中国的选择提供答案。

19世纪末20世纪早期，人们对马克思主义的接受状况呈现出丰富多彩的画面，比较、分类、争论皆有，赞同、反对、质疑共存，有人靠近、有人徘

徊、有人远离，人们的各种具体反应真实上演，并各自有着自认为不可辩驳的理由。从各种纷繁复杂的具体意识中梳理头绪，选择一个相对集中的研究对象更切实有效。20世纪之后，中国社会出现了一些新的现象，报纸杂志、社团、政党逐渐增多，人们在报纸杂志中发表意见，与志同道合者结成社团，通过各种渠道探索着国家、社会与个人的发展之道。20世纪初是我国各种思潮竞相迸发的时期，人们的思想也极为活跃，即使是在同一份报刊中，面对同一个主题，所发表的观点也可以是针锋相对的。比如1919年《新青年》中"马克思号"上的文章，有赞扬马克思主义的，也有质疑马克思主义的。就算同是北京大学教授，思想观点也往往有水火不容之处。在同一个社团中也大抵如此，人们争论不断，各自坚持自己的主张。"争论"几乎成了那一时期思想界的一大特征。回到19世纪末20世纪早期探讨马克思主义中国化历史进程的开启，就不能回避这种观点纷呈的思想状况。

少年中国学会于1918年筹备，1919年正式成立，1925年年会后逐渐解散。其存续的时间，正是中国人在国家危亡之际，在各种思想文化中不断寻找、努力求索的时期。少年中国学会成立之初，并没有规定明确的主义，将会员集合在一起的是创立"少年中国"的基本理念，当"是否应确立主义""确立什么样的主义"等问题被提出后，在会员中引起了广泛的讨论乃至激烈的争论，争论的焦点就包括是否选择社会主义、马克思主义，可以说，"选"或者"不选"两种截然相反的意见同时出现在这群曾有着一定思想共识的青年身上，形成了一幅当时中国社会究竟选择何种主义救中国的微缩景象。也因为主义选择上的分歧等问题，少年中国学会最终解散，而原来的会员就此走上了不同的救国之路。少年中国学会内部的各种论争，集中反映了那个时代人们活跃的思想状态。可以说"对马克思主义的选择"问题，不论对于近现代中国的发展，还是对于少年中国学会，抑或是对于具体的少年中国学会会员，都有着重要意义。

少年中国学会成员对待社会主义和马克思主义有各种各样的意见甚至因此产生激烈争论。很明显，这个社团已经接受到了马克思主义，是这一理论的"接受者"。但总的来说，这个社团并不能定义为马克思主义的社团，因为这一理论最终没有成为社团成员的共同选择，但是不能忽视的是，即使面对激烈的质疑，李大钊等一部分成员仍坚定地站在了马克思主义一边。当时学会成员的各种声音、会员间的冲突性意见都是基于对马克思主义不同程度的"接受"展开的。少年中国学会对马克思主义的"接受"，是这一社团与马克思主义中国化发生联系的起点，也应是展开研究的起点。以少年中国学会这个当时最大的青年社团为主要研究对象，探索这一社团对于马克思主义中国化的作用和意义，为当时"为什么选择马克思主义"寻找答案，也启发当下"如何坚守马克思主义"，就要从社团对马克思主义的最初的"接受"状况入手。

第三章　少年中国学会对马克思主义的接受与选择

五四时期的青年面对的历史环境仍是李鸿章所说的"三千年未有之大变局"，变局之中如何应变是当时无数青年思考的共同问题。一些受过新式教育的知识分子逐渐将目光转向西方，在其文明成果中搜寻，试图寻找到"灵丹妙药"以破解困局、改变现状。少年中国学会会员遍布国内，甚至分布在法国、日本、英国、德国、美国等一些资本主义国家，相比同时期的其他社团，有较多的机会和渠道接触到外界思想，视野相对开阔，思维更为活跃。在少年中国学会众多的讨论话题中，当时被北洋政府视为洪水猛兽的马克思主义占据一席之地。少年中国学会缘何接受到马克思主义？对这一理论重点关注了哪些内容？形成了什么样的态度？这三个问题环环相扣，是少年中国学会与马克思主义互动的基本内容，集中反映当时人们的思想倾向。本章力图重返当时的舆论现场，从会员们的各种表达中，梳理少年中国学会对马克思主义的接受状况，夯实少年中国学会对马克思主义中国化进程产生影响的基础。

第一节　少年中国学会对马克思主义的接受缘起

少年中国学会对马克思主义的屡屡提及，表明已接受到这一理论。少年中国学会之所以接受到马克思主义，主要有三方面的缘由：其一是从对世界潮流的讨论中落脚于"社会主义"和"马克思主义"，其二是从对俄国革命的认识中注意到"马克思主义"，其三是在讨论社团"应选何种主义"时考虑到"马克思主义"。虽然少年中国学会成员经由不同的缘由接受到马克思主义，但注意力最终都被马克思主义吸引，这表明马克思主义当时已经成为少年中国学会不能忽视的理论。

一、缘于对"世界潮流"的认知

19世纪70年代，江南制造局开始编译《西国近事汇编》，中国人对西方国家的了解开始逐渐增多，改变了以前"几不知赤县神州外尚有所谓列国也"① 的状态。第一次世界大战后，由于中外信息流通的加强，"世界"及"世界潮流"的话题更为人们热议。有人提出："欧战告终，强权失败，于是社会革新之潮流日益普及于世界。"② 有人提出："欧战以后的世界，大家都承认他是个新世界。在这新世界里边，德谟克拉西非常流行，大家都相信是新世界的唯一福音。"③ 人们的视野打开后，思想观念也逐渐步入大变动时期，"去年以来，新思想输入的不少。文化运动，勃然兴起，国民如吃了兴奋剂的一般，精神为之一振"④。在中西文化的相互碰撞中，在封建文化和资本主义文化的相互对比中，"维新"的呼声日愈响亮，而"新"多是与西学联系在一起。"庚子以前，求维新党难，求守旧党易。庚子以后，求维新党易，求守旧党难。"⑤少年中国学会诞生于欧战后的世界和"庚子以后"的中国，经历中西文化的激烈碰撞，虽受中国传统旧学的影响，又受西学的强烈冲击，会员的视野是宽阔的，所看到的从来就不只有中国，还有世界，"世界潮流"在他们言谈中被屡屡提及，也是他们展开思考的逻辑起点。"睁眼一看，世界潮流之来势，何等汹猛，我中华民族能否适于生存二十世纪时代之机，即握于诸公今日之手中。"⑥

1919年易家钺在给王光祈的信中说现在世界上有两样东西最流行，这两样东西的势力足以支配全世界，这两样东西"就是 Democracy 和 Bolshevism"⑦。易家钺将前者翻译为"民本主义"，后者翻译为"过激主义"，认为前者以美国为代表，后者以俄国为代表，两种主义"本质相同"，而本质都是"Democracy"，并说："我们既是二十世纪的人，要想做一个二十世纪的

---

① 皮宗石：《弱国之外交》，《甲寅》，1915年第1卷第6期，第1页。
② 石曾：《社会革新之两大要素》，《华工杂志》，1920年第45期，第1页。
③ 景叔同：《新世界之危险》，《新中国》，1919年第1卷第7期，第63页。
④ 张季鸾：《我的平凡救国论》，《新中国》，1920年第2卷第5期，第1页。
⑤ 《论真守旧者之可贵》，《东方杂志》，1905年第7期，第146页。
⑥ 王德熙：《南京高等师范男女共校之经过》，《少年世界》，1920年第1卷第7期，第57页。
⑦ 张允侯、殷叙彝、洪清祥、王云开：《五四时期的社团》（一），生活·读书·新知三联书店，1979年，第291页。

'人'，那就非从这潮流不可，更非扶助这潮流不可。"① 他认为抓住潮流是作为新世纪的人的基本要求。同样，王光祈也表示，自己因研究外交，而关注世界，"因留意世界大势，不知不觉的就中了社会主义的魔术了"②，认为"世界大势"与"社会主义"紧密联系不可分割，社会主义在当时世界已经掀起浪潮，不可不重视。1920 年少年中国学会在四川发行的《星期日》周刊满一周年时，纪念文章中提到办报时"世界的新潮正从大西洋里飞也似的翻滚而来"③，也是认为世界正被一股新潮席卷。李大钊也明确提出，"在这回世界大战的烈焰中间，突然由俄国冲出了一派滚滚的潮流"④。少年中国学会的话语中的"世界潮流"实质上指的是"时代特征"。少年中国学会存续时期，正值俄国十月革命胜利、苏维埃政权初建，世界初开"一球两制"的时代，如此轰动世界的大事无疑会引起广大知识分子的强烈关注，更何况是由受过新式教育的学生以及众多留学生组成的少年中国学会，视野的相对开阔使得他们更加敏锐地感受到世界脉搏的律动，少年中国学会会员对"世界潮流"的具体解释虽有所出入，但基本上都将之与"社会主义"紧紧相连。

将"世界潮流"与"社会主义"联系在一起，这在俄国十月革命前，在青年知识分子中就有着某种共识。1903 年《浙江潮》中有文章说："今社会主义之披靡欧美。"⑤ 同年，《大陆报》中有文章也说道："社会主义为前世纪以来最大问题，而实为大中至正、尽善尽美、天经地义、万事不易之道，岂有如许行这说者乎？社会主义在昔日为空论，在今日则将见诸实事，虽今日尚不能尽行，而他日则期于必行。"⑥ 社会主义自进入中国人视野就被认为其在世界已经形成一定潮流。据不完全统计，仅 1903 年中国报刊中介绍社会主义的文章就有十多篇，专著就有七部。⑦ 但社会主义在中国与当时官方的意识形态格格不入，很多相关的书籍、报刊遭到政府"查禁"，所处的现实环境非常糟糕。比如 1911 年江亢虎成立了中国社会党，创办《社会党月刊》《新世界》等刊

---

① 张允侯、殷叙彝、洪清祥、王云开：《五四时期的社团》（一），生活·读书·新知三联书店，1979 年，第 292 页。

② 张允侯、殷叙彝、洪清祥、王云开：《五四时期的社团》（一），生活·读书·新知三联书店，1979 年，第 293 页。

③ 张允侯、殷叙彝、洪清祥、王云开：《五四时期的社团》（一），生活·读书·新知三联书店，1979 年，第 254 页。

④ 中国李大钊研究会：《李大钊全集》（第二卷），人民出版社，2013 年，第 401 页。

⑤ 大我：《新社会之理论》，《浙江潮》，1903 年第 8 期，第 9 页。

⑥ 《敬告中国之新民》，《大陆报》，1903 年第 6 期，第 4 页。

⑦ 林代昭、潘国华：《马克思主义在中国——从影响的传入到传播》（上册），清华大学出版社，1983 年，第 5 页。

物，其间许多文章都是宣传社会主义的，后来中国社会党遭到政府解散。中华民国成立初期，对社会主义须臾不能忘的孙中山在很多场合都公开宣讲社会主义，但袁世凯篡夺辛亥革命果实后，谈论社会主义的就渐渐少了。直至第一次世界大战及俄国十月革命胜利的消息在中国传开后，社会主义又重新成为人们热议的话题，以至于有人说："十九世纪以前，我们人类一切思想制度的总账，被这回惊天动地的世界大战打得天花乱坠，结得一个干净，都想另起一个账目，换一回新生活。"① 进而提出中国虽与欧洲不同，但"我们岂可以落人之后吗？于是他们说什么，我们也说什么，他们讲社会主义，我们也讲社会主义，好像讲迟了些，就被人耻笑，以至全国的人弄得鼎沸似的，出版物好像下雨的般，落得遍地都是，这样热心讲学，在我们中国历史上可算是有一无二的了"②。于是社会主义在中国逐渐就有了"雄鸡一鸣天下晓"③ 的气势。

少年中国学会不仅看到这股潮流，而且知道这股潮流与当时官方的意识形态并不相融，"社会主义的一个名词，向来在中国是干犯法律骇人听闻的。其实许多人还没有明白社会主义是个什么东西，中间包含几多派别，大家以讹传讹，便硬指一切暗杀革命是社会主义，一切社会主义是暗杀革命，因此一听见社会主义四个字，便联想到许多破坏事业的危险与恐怖起来"④。但即便如此，他们仍然注意到社会主义思潮，并从中看到马克思主义。也正因为如此，少年中国学会会员中生出两种对待社会主义的不同态度，一是以李璜为代表的，暂且称之为对社会主义的"注意派"。李璜说："社会主义在现今已经很有了研究的价值，况且我们要从许多社会主义学说中间另创一个新说为中国最近的将来的改革方针，当然更是非常重要。"⑤ 另一种是以李大钊为代表的"欢迎派"。李大钊明确指出："民主主义、劳工主义既然占了胜利，今后世界的人人都成了庶民，也就都成了工人。我们对于这等世界的新潮流……须知这种潮流，是只能迎，不可拒的。"⑥ 两种态度有相似之处，都高度关注新思潮，但又有区别，前者是"观察"，后者是"靠近"，后者比前者在态度上前进了一步。少年中国学会会员对"世界潮流"的把握，使得他们将马克思主义纳入接受范围，但对"世界潮流"的不同态度，最终也影响了对马克思主义的基本态度。

① 陈震异：《外国学说与中国社会问题》，《太平洋》，1921年第2卷第9期，第1页。
② 陈震异：《外国学说与中国社会问题》，《太平洋》，1921年第2卷第9期，第1页。
③ 潘公展：《近代社会主义及其批评》，《东方杂志》，1921年第18卷第4期，第41页。
④ 恽代英：《论社会主义》，《少年中国》，1920年第2卷第5期，第1页。
⑤ 李璜：《社会主义与社会》，《少年中国》，1922年第3卷第10期，第1页。
⑥ 中国李大钊研究会：《李大钊全集》（第二卷），人民出版社，2013年，第358~359页。

二、缘于对俄国革命的关注

遭受帝国主义压迫的近代中国如何突破困境？向强者学习是一个思路，即使是向那些带来压迫的帝国主义国家学习，"自军国大事以至日用细微，无不效法西洋"① 就是突出表现，这反映出当时的人们在寻找拯救国家危亡道路上的急切与反思。俄国十月革命及其胜利同样带给中国人巨大的冲击，少年中国学会也经由这场革命的胜利注意到了马克思主义。

少年中国学会会员对苏俄以及苏俄革命是极其关注的，关注点也是多方面的。有会员提出苏俄革命是由社会的不平等引发的，"法兰西所以酿流血之惨者，以贵族与平民政治上之悬隔远于极度也，经济上之悬隔既若是其甚。于是呼唤社会改造者起，而劳动 Proletaire 阶级遂蓄锐养精。及全欧鏖战，列宁 Leinine 即应运而生"②。也有会员关注苏俄的第一次对华宣言，"最近俄罗斯劳农政府声明，把从前罗曼诺夫朝从中华掠夺去的权利一概退还，中华的青年非常感佩他们这样伟大的精神。但我们决不是因为收回一点物质的权利才去感谢他们的，我们是因为他们能在这强权世界中，表显他们人道主义、世界主义的精神，才去钦服他们的"③。还有的会员从苏俄所取得的成绩中读到了团体的价值和团结的意义，如康白情说道："个人有代谢，组织团体的分子有增减，而团体这个东西却可以永续。例如拉萨尔马克斯都早死了，他们留下来的社会民主党郤（却）至今终在德国得势。俄国布尔扎维克的历史也颇长的。"④ 少年中国学会会员对苏俄的关注，使得他们从中看到了"主义"的身影。曾琦看到的是列宁对主义坚持的彻底性："当俄罗斯帝国崩溃之后，克伦斯启组织民主政体政府，亟欲与列宁一派妥协，而列宁不惟不肯与之调和，转日夜运动工人兵士组织'劳兵会'，一举而推翻克氏以实现其理想之苏维埃制度。今虽为天灾所困，未获遂其初志，然就其坚持所抱主义，卒得实验机会而言，亦可谓澈底主义之成功者矣。"⑤ 将俄国十月革命与马克思主义明确相连的，当推李大钊。李大钊在1918年的《法俄革命之比较观》中就明确提出，"俄罗斯之革

---

① 许纪霖、田建业：《杜亚泉文存》，上海教育出版社，2003年，第338页。
② 黄忏华：《社会之历程及改进》，《少年中国》，1919年第1卷第5期，第40页。
③ 中国李大钊研究会：《李大钊全集》（第三卷），人民出版社，2013年，第230页。
④ 康白情：《团结论》，《少年中国》，1922年第3卷第9期，第2页。
⑤ 曾琦：《澈底主义与妥协主义》，《少年中国》，1922年第3卷第8期，第43页。

命是二十世纪初期之革命，是立于社会主义上之革命"①。后在《Bolshevism
的胜利》中又说俄国布尔什维克所抱的主义"是奉德国社会主义经济学家马客
士（Marx）为宗主的"②，清楚指出了俄国十月革命与马克思主义的密切关联。
在《我的马克思主义观》中，李大钊又说道："但自俄国革命以来，'马克思主
义'几有风靡世界的势子，德、奥、匈诸国的社会革命相继而起，也都是奉
'马克思主义'为正宗。"③ 也就是说，关注马克思主义的原因，离不开这一理
论自俄国革命后"惹动了世人的注意"这个重大事实。1902 年，梁启超在
《新民丛报》第十八号的《进化论革命者颉德之学说》中曾说"麦喀士日耳曼
人社会主义之泰斗也"④，麦喀士即指马克思。有学者提出，梁启超将马克思
与社会主义联系在一起，这在当时中国知名知识分子中是首创。⑤ 梁启超将
马克思与社会主义联系在一起，对于中国人认识马克思主义有着重要作用。同
样可以说，李大钊将马克思主义从俄国十月革命中提取出来，对于人们认识
马克思主义也有着重要作用。除李大钊外，李璜对俄国布尔什维克与马克思主
义的关系也进行了思考，他提出："俄国近年 Bolchevik 的设施。说他是完全
马克斯的集产主义。他有时又狠带共产主义的色彩。因为在谭主义的时候。可
以自立墙壁。毫不沾染。在行主义的时候。不能不求适公利引用别家。"⑥ 李
璜虽不认为俄国的布尔什维克完全是马克思主义的，但仍然承认其有明显的
马克思主义色彩。虽然同在少年中国学会之中，但会员对问题的分析立场、分
析角度和分析能力不可能完全一致，李大钊能从俄国革命胜利的现象看到指引
革命胜利的内在的主义，将马克思主义从中提取出来，与其灵活严谨的思维能
力、对俄国革命的长期关注以及前期所形成的"民彝"政治观是分不开的。

三、缘于对"少年中国学会"建设的思考

"少年中国"是联结少年中国学会成员的最基本线索。恽代英说："我们学

---

① 中国李大钊研究会：《李大钊全集》（第二卷），人民出版社，2013 年，第 330 页。
② 中国李大钊研究会：《李大钊全集》（第二卷），人民出版社，2013 年，第 364 页。
③ 中国李大钊研究会：《李大钊全集》（第三卷），人民出版社，2013 年，第 1 页。
④ 中国之新民：《进化论革命者颉德之学说》，《新民丛报》，1902 年第 18 号，第 2 页。
⑤ 〔德〕李博：《汉语中的马克思主义术语的起源与作用》，赵倩、王草、葛平竹译，中国社会科
学出版社，2003 年，第 123 页。
⑥ 李璜：《会员通讯》，《少年中国》，1919 年第 1 卷第 5 期，第 50 页。

会唯一的真目的，只是创造少年中国。"① 1919 年 5 月，少年中国学会在筹备期间，王光祈在《本会发起之旨趣及其经过情形》中说："盖吾人所创造非十九世纪十八世纪之少年中国，亦非二十一世纪二十二世纪之少年中国，实为适合于二十世纪思潮之少年中国。"② 此文中还提到因"个人观察不同"，"英美式民主主义""俄国式社会主义""安那其式社会主义"均有支持者。少年中国学会成立后，如何建设这个学会，先后发布了"宗旨""规约""科室办事规则""征求会员之标准"等，但都没有提及学会成员应该秉持共同的"主义"。也就是说，最初在学会中并没有统一、严格的"共同信仰某种主义"的规定。但很快，"学会应不应该确定主义""学会应该确定什么主义"就被提了出来，而会员们在讨论这些问题时又将之与"少年中国"如何创造等问题紧密相连，从而"少年中国学会"的主义问题和"少年中国"的主义问题相互交织在一起。正是在关于学会的建设、国家的发展等各种"主义"的讨论中，少年中国学会多次将话题转到了社会主义、马克思主义上来。

1919 年王光祈在《"少年中国"之创造》中首先提出应该开辟天地创造新生活，而不是因循守旧或胡乱模仿，既批评守旧派，也批评维新派，认为二者都是图便宜的做法，"就是号称维新党的，今日照抄美国宪法，明日模仿英国政治，今日欢迎马克思的社会主义，明日欢迎克鲁泡特金的无政府主义，什么康德咧杜威咧，我们终日都在欢迎，决不想自己创造。这种维新党的行径，又何尝不是占便宜，我以为这是中华民国青年的绝大耻辱！"③ 王光祈所提倡的是创造的、现实的、科学的生活，认为"马克思的社会主义"和其他的"主义"一样，都不是"少年中国"可以直接选择的对象。1919 年 1 月下旬，少年中国学会上海会员开会时，王光祈在关于主义问题的讨论上又说到会员偏重的主义各不相同，也不能强迫相同，认为"所谓主义者，不过末节而已"④，但同时参会的李璜却认为"主义有决定之必要"⑤。这时，会员所讨论的"主义"还只是泛泛的"主义"，并没有明确指向具体哪一种主义。关于学会是否

---

① 张允侯、殷叙彝、洪清祥、王云开：《五四时期的社团》（一），生活·读书·新知三联书店，1979 年，第 333 页。

② 张允侯、殷叙彝、洪清祥、王云开：《五四时期的社团》（一），生活·读书·新知三联书店，1979 年，第 220 页。

③ 王光祈：《"少年中国"之创造》，《少年中国》，1919 年第 1 卷第 2 期，第 2 页。

④ 张允侯、殷叙彝、洪清祥、王云开：《五四时期的社团》（一），生活·读书·新知三联书店，1979 年，第 287 页。

⑤ 张允侯、殷叙彝、洪清祥、王云开：《五四时期的社团》（一），生活·读书·新知三联书店，1979 年，第 288 页。

应确定主义，上海会员在与北京会员通信时说："暂时多研究'学理'，少叙述'主义'，以求维持学会之巩固。"[①] 但巴黎会员对他们的这种观点进行了驳斥，指出主义与学理不可分割，"有一定主义，研究学术方确实"[②]。1921 年 3 月，少年中国学会北京会员在北京大学图书馆主任室，也就是李大钊的办公室开会，提出"北京方面，议定尽一二月内先将各种主义精心研究，并一面邀请深知社会主义者到会讲演，以备吾人参考"[③]，将"主义"问题聚焦到社会主义上来。到 6 月，在少年中国学会北京总会的谈话会上，北京会员的意见更为明确，提出"学会有采用一种主义的必要，而且不可不为社会主义"[④]。1921 年，南京年会上，会员关于学会的"主义"问题各抒己见。"北京同人多主张要主义，南京同人多主张不要主义。"[⑤] 后进行表决，要的 17 人，不要的 6 人。这次年会，总的来说，仍是在学会的建设层面上讨论要不要"主义"的问题，只是一些会员在发言中已明确将"主义"与"社会主义"等同起来。南京年会后讨论还在继续，且要不要"主义"问题更加明确为要不要"社会主义"的问题，并且越发聚焦到马克思主义上来。刘衡如提出："譬如主义固然是需要的，但何必在社会主义、波尔西维主义上去辩呢？"[⑥] 郑伯奇则明确提出既然是标榜创造少年中国的学会，怎么能够无主义呢？认为"要讲主义，应从社会主义起码。至少社会主义是现在我们已经知道了的最合理想的政治组织了。那么我们的少年中国应是立脚于社会主义的国家，我们少年中国学会自然是一个社会主义的团体，而我们大家都是社会主义的信徒"[⑦]。少年中国学会在关于社团的主义选择问题上，屡屡提及社会主义和马克思主义，这无疑促进了会员对马克思主义的关注，因此可以说，少年中国学会基于社团本身建设的思考也是激发其关注马克思主义的缘由之一。

① 张允侯、殷叙彝、洪清祥、王云开：《五四时期的社团》（一），生活·读书·新知三联书店，1979 年，第 319 页。
② 张允侯、殷叙彝、洪清祥、王云开：《五四时期的社团》（一），生活·读书·新知三联书店，1979 年，第 321 页。
③ 张允侯、殷叙彝、洪清祥、王云开：《五四时期的社团》（一），生活·读书·新知三联书店，1979 年，第 345 页。
④ 张允侯、殷叙彝、洪清祥、王云开：《五四时期的社团》（一），生活·读书·新知三联书店，1979 年，第 346 页。
⑤ 张允侯、殷叙彝、洪清祥、王云开：《五四时期的社团》（一），生活·读书·新知三联书店，1979 年，第 359 页。
⑥ 张允侯、殷叙彝、洪清祥、王云开：《五四时期的社团》（一），生活·读书·新知三联书店，1979 年，第 368 页。
⑦ 郑伯奇：《少年中国学会问题》，《少年中国》，1921 年第 3 卷第 2 期，第 38 页。

第二节 少年中国学会视野中的"马克思主义"

当"社会主义"最初被介绍到中国的时候,"世界社会主义""国家社会主义""基督教社会主义"等概念充斥其间,让人眼花缭乱。就如李大钊也曾提出:"近来出了许多新鲜名词。例如日本的'帝国社会主义','皇室中心社会主义',中国某君的'军国民教育社会主义',德国新组织的'共和帝国'都是。"① 当"社会主义"这个概念被广泛使用的同时,带有马克思主义标识性信息的内容,比如马克思主义经典作家、马克思主义经典著作,也越来越多地出现。中国人何时以及如何从宽泛的社会主义思潮中锁定了马克思主义,又是如何及何时将马克思主义与其他社会主义理论区分开来,是非常复杂的问题,不能简单地认为因为当时概念众多,当时的人们就一定区分不清或根本不加区分。实际上,在20世纪初就已经开始将二者进行区分。1906年《民报》中就提出:"柏律氏为基督教社会主义者,故与麦喀氏英盖尔等其观察之点不无少为异同。"② "麦喀氏英盖尔"就是指"马克思恩格斯",作者已经提出他们的观点不同于基督教社会主义。1911年钱智修在《社会主义与社会政策》中也将"德人楷尔麦克"与"法人路易勃朗"的社会主义作了区分。③ 社会主义并不等于马克思主义,但二者又有着密切的关系,当时的人们已经有此观念了。不能否认19世纪末20世纪早期,确实有部分中国人对二者的区分并不清晰,很多时候是笼而统之地谈论,但从现有的资料上看,在少年中国学会的视野里和话语表达中,"马克思主义"与"社会主义"并非混为一谈,而是有所区分,少年中国学会对二者的关系已有一定程度的认识。

一、用专有概念指代"马克思的社会主义"

少年中国学会会员在表达马克思创立的理论时,不是使用笼统的"社会主义"来指代,而是突出了"马克思"这个关键词。

少年中国学会会员中,明确使用"马克思主义"这个概念的,首推李大

---

① 中国李大钊研究会:《李大钊全集》(第三卷),人民出版社,2013年,第79页。
② 渊实:《社会主义史大纲》,《民报》,1906年第7期,第101页。
③ 钱智修:《社会主义与社会政策》,《东方杂志》,1911年第6期,第1页。

钊。1919 李大钊在《我的马克思主义观》中就多次使用了这个概念。[①] 但在这篇文章中，李大钊也使用了"马克思的学说""马氏学说""马氏社会主义"以及更具体的"马氏的唯物史观"等其他"马氏的……"概念，都强调了理论的创立者是"马克思"。其他少年中国学会会员很少使用"马克思主义"这个概念，对这个理论的指代虽另有其他提法，但都突出了理论的创始人。少年中国学会决定刊印一系列丛书，恽代英被提议处理相关通信事务，为此 1920 年恽代英在《致少年中国学会同人》中提出了自己关于刊印丛书的意见，并列出了"盼望看见的书"的清单，其中排在首位的是"马克司及其学说"[②]。王光祈在其文章中提及马克思的理论时使用的是"马克思的社会主义"[③] 和"马格斯之国家社会主义"[④]。李璜在提及马克思的理论时也没有固定的概念，使用过多个相似概念，比如"马克斯之'社会主义'"[⑤]"马克斯的说法"[⑥]"马克斯的学说"和"马克斯的社会主义"[⑦]。总的说来，虽然少年中国学会会员在提及马克思及其理论时还没有形成统一的表达，还没有一个固定的专用概念，甚至每个人在不同的文章中的表达也不完全一致。但可以看出，第一，"马克思主义"在少年中国学会会员中已经开始使用，在会员们的表达中，"马克思主义"和"马克思的学说""马克思的社会主义"都作为同义词在使用，虽然这还不是一个被大家广泛认可并通用的专有概念。第二，会员在表达马克思创立的理论时都突出了"马克思"这个名字，这反映出少年中国学会会员能清楚地将这个理论与其他理论相区别，所指的并非泛泛的社会主义思潮。

二、肯定马克思主义是社会主义中的一个派别

少年中国学会会员普遍认为社会主义派别较多。曾琦提出："社会主义派别甚多。同一原理在法则为'工团社会主义'，在英则为'工行社会主义'，在德则为'民主社会主义'，在俄则为'波尔失委克社会主义'。"[⑧] 张梦九还明

---

① 中国李大钊研究会：《李大钊全集》（第三卷），人民出版社，2013 年，第 1～40 页。

② 恽代英：《恽代英文集》（上卷），人民出版社，1984 年，第 140 页。

③ 王光祈：《"少年中国"之创造》，《少年中国》，1919 年第 1 卷第 2 期，第 2 页。

④ 张允侯、殷叙彝、洪清祥、王云开：《五四时期的社团》（一），生活·读书·新知三联书店，1979 年，第 294 页。

⑤ 曾琦：《澈底主义与妥协主义》，《少年中国》，1922 年第 3 卷第 8 期，第 46 页。

⑥ 李璜：《破坏与建设及其预备工夫》，《少年中国》，1922 年第 3 卷第 8 期，第 34 页。

⑦ 李璜：《社会主义与社会》，《少年中国》，1922 年第 3 卷第 10 期，第 1～5 页。

⑧ 曾琦：《学会问题杂谈》，《少年中国》，1922 年第 3 卷第 8 期，第 78 页。

确提出社会主义"种类复杂",说"同一社会主义之中,而有共产、集产之分;同一马克思派社会主义之中,而有正统派与修正派之分;同一无政府主义之中,而有有组织与无组织之分"[1]。并且还认为社会主义"新陈不续",说"新陈不续"和"种类复杂"是少年中国学会不能规定社会主义的两大原因。虽然少年中国学会会员对社会主义的认识程度不一,种类划分各不相同,但都认为社会主义种类繁多且复杂,并且都将马克思主义看作社会主义的其中一种派别。有以下三种划分。

(一)共产主义

将社会主义分为"集产主义"与"共产主义"两类在当时思想界并不鲜见,但将马克思主义划到其中的哪一边却各有不同。《解放与改造》中有文章说:"马克思的学说,倾向于中央集权一方面,即是所谓集产主义(他虽著共产党宣言书但是集产主义)。"[2]南陔在《社会主义之真诠》中也说:"马格斯自诩为科学派社会党者也,实则所持,纯是集产主义。但其著述中,如共产宣言,又杂有共产思想。"[3]主要的观点都是将马克思主义划到集产主义一边。黄凌霜也把马克思主义理解为集产主义,说:"马氏所谓共产主义即今日的集产主义。"[4]还公开反对马克思的集产主义。少年中国学会会员也将社会主义划分为集产主义与共产主义,比如前面提到的张梦九,但与当时有很多人将马克思的理论划为"集产主义"不同的是,少年中国学会会员多倾向于将马克思的社会主义归为"共产主义"。周佛海提出:"我们底共产主义乃是马克思的正统派。"[5]李璜提出:"马克斯主张共产主义,并不是他个人要这样做,是为社会事实所指出而不可避免的(Indispensable)。"[6]同样是马克思的理论,时人在划分其在社会主义派别中的归属时却能完全不同,从掌握的资料尚不能分析人们各自观点的依据。但从中可以看出,当时的人们对马克思主义的认识还存有诸多争议,而少年中国学会内部却有着某种共识。

(二)科学的社会主义

这里首先要指出的是,时人在表达"科学的社会主义"时的所指与今天我

---

① 张梦九:《主义问题与活动问题》,《少年中国》,1922年第3卷第8期,第58~59页。
② 绍虞:《社会改造家传略》,《解放与改造》,1920年第2卷第12期,第33页。
③ 南陔:《社会主义之真诠》,《新中国》,1919年第1卷第3期,第279页。
④ 凌霜:《马克思学说的批评》,《新青年》,1919年第6卷第5期,第468页。
⑤ 无懈:《我们为什么主张共产主义》,《共产党》,1921年第4期,第23页。
⑥ 李璜:《社会主义与社会》,《少年中国》,1922年第3卷第10期,第5页。

们所说的"科学社会主义"并不相同。在当时，并非将马克思主义称为"科学的社会主义"的人，都能了解其"科学性"并加以承认。少年中国学会会员将马克思主义看作"科学的社会主义"，比如李思纯在讨论宗教问题时曾明确提出"科学的社会主义，是原始于马克思的"①。虽然未解释马克思的社会主义为何是"科学的"，但已将之与欧文等人的空想社会主义做了区分，接近对马克思主义"科学性"的理解。李璜在表述上虽将马克思的社会主义与"科学"相连，但明显有疑虑。李璜说："马克斯的社会主义所以自称为科学的，更自认为在欧美社会确实易行的原故，就因为他的唯物史观能分辨出生产进化程序的价值。"②"自称"与"自认为"的话语表达反映出李璜对"马克斯的社会主义"的科学性并未完全理解，认为这只是其自封的、与他者相区别的称号。与此相类似的是，1918年《东方杂志》中一篇文章也将社会主义分为科学派、乌托邦派等，并将马克思视为科学派社会主义的创始人，但却认为马克思的学说"太偏激"。③ 作者也只是将"科学的社会主义"作为一个指代名称，用以区别于其他的社会主义学说。时人虽将马克思主义视为科学的社会主义，但并不能理解其"科学性"所在，这再次表现出对马克思主义认识的不到位。

（三）国家社会主义

在当时，还有人将社会主义分为国家社会主义和无政府主义，比如南陔说："原来社会主义之派别最多，其主张亦各异，条分缕析，惟事至难。有从根本将社会主义分为国家社会主义与无政府社会主义者。"④ 在少年中国学会中，王光祈也主张将社会主义分为国家社会主义和无政府主义，并将马克思主义归为国家社会主义，"国家社会主义是主张有政府的。无政府社会主义是主张无政府的。这是两派对于政治主张不同的地方。国家社会主义是主张集产。无政府社会主义是主张共产"，并明确说"国家社会主义，此派为马格斯 Marx 辈所主张"⑤，看到了马克思主义对政府的重视。

总体说来，少年中国学会成员从社会主义思潮中认识马克思主义，而社会主义派别的纷繁复杂一定程度上增加了对马克思主义的认识难度，因此对于

---

① 李思纯：《宗教问题杂评》，《少年中国》，1921年第3卷第1期，第71页。
② 李璜：《社会主义与社会》，《少年中国》，1922年第3卷第10期，第5页。
③ 刘大钧：《社会主义》，《东方杂志》，1918年第15卷第11期，第198页。
④ 南陔：《社会主义之真诠》，《新中国》，1919年第1卷第3期，第278页。
⑤ 若愚：《社会主义的派别》，《晨报》，1919年5月3日。

马克思主义的认识参差不齐，对于其在社会主义中的派别归属也各有主张，反映出对马克思主义的认识还处于各自为政、各抒己见的阶段，还有相当大的进步空间。

三、将马克思主义与其他社会主义派别区别开来

少年中国学会会员不仅肯定马克思主义是社会主义的其中一种派别，也对马克思主义与其他社会主义的区别有所认识，主要表现在两方面：其一是将之与无政府主义相区别，其二是将之与空想社会主义相区别。

（一）马克思的社会主义区别于空想社会主义

少年中国学会会员对于空想社会主义并不陌生。留学法国的会员张梦九说："自中世纪以来，法人在精神上对人类的贡献，可谓不少。最重要者，如拉马克的生物学，孔德和柏格森的哲学，孟德斯鸠的法意，卢梭的民约，论圣西门的社会主义，蒲鲁东的无政府主义。每一新思想出，不是为改造世界的先锋队，就是为学术上开一新纪元。"① 张梦九充分肯定了空想社会主义的学术地位。留学德国的王光祈曾写过关于空想社会主义者傅立叶的分析文章，开篇明确说到他的这篇稿子是从白克尔所著的《傅立叶》中抄写下来的，并非独出心裁的文章，只能算是"读书笔记"，文中明确将傅立叶称为"社会主义三大创造理想家之一"，并表明自己之所以关注的原因："傅立叶的社会主义是建筑在农村上面的"，"凡富于建筑新村理想的人们，尤其是生长于农业立国的中华民族，偶然读了傅立叶的学说，更觉得加倍有趣"②。王光祈早期曾受到过新村主义的影响，留学前曾积极发起北京工读互助团活动，应该说他不仅对空想社会主义备感兴趣，还是一个空想社会主义的尝试者。王光祈留学之前的文章中已经将马克思的理论称为"马克思的社会主义"③，此时用的是"傅立叶的社会主义"的提法，表明他对马克思和傅立叶的社会主义是有所区分的。李思纯在宗教问题的讨论中提到了社会主义，说："原始的社会主义，都是慈善的社会主义（Philantlnopic），不是科学的社会主义。科学的社会主义（Scientific），是原始于马克思的。从前如英国的阿文（Owen）与法国的圣西

① 张梦九：《旅法两周底感想》，《少年中国》，1920 年第 2 卷第 6 期，第 14 页。
② 王光祈：《傅立叶的理想组织》，《少年中国》，1922 年第 3 卷第 9 期，第 8 页。
③ 王光祈：《"少年中国"之创造》，《少年中国》，1919 年第 1 卷第 2 期，第 2 页。

门（Saint Simon）、傅立叶（Fourier）的社会主义，大概起源于人道博爱的思想。"① 他将社会主义分成了两类，明确肯定马克思的社会主义不同于欧文等人的"慈善的社会主义"，也就是我们今天所说的"空想的社会主义"。

（二）马克思的社会主义区别于无政府主义

李璜称蒲鲁东为"先觉的社会主义者，提倡劳工组织的创始人"，并说"马克斯 Karl Marx 出来，对于蒲鲁东所主张的社会主义根本上有些不同意"②。李璜对于蒲鲁东理论的判断正确与否暂且不论，但明显认为马克思和蒲鲁东的社会主义是有区别的。1919 年 5 月王光祈在与会友通信时说道："弟现在研究社会主义学说，将其中最重要的分为两类：（1）国家社会主义马格斯派 Marx，如今日之俄、德、匈过激派；（2）无政府主义克鲁泡特金派 Kropotkin。前者以之代表集产社会主义学派 Collectivisme，后者以之代表共产社会主义学派 Communisme。"③ 明确将马克思的社会主义区别于克鲁泡特金的无政府主义。1922 年，少年中国学会中的社会主义研究会拟定"社会主义的研究计划"，在"研究题目"中写到社会主义派别甚多，为便于研究，将"社会主义"分为了三类：无政府主义、马克思社会主义、乌托邦社会主义。将"无政府主义"也划入社会主义之中，并在"无政府主义"之下列出了斯退拿、蒲鲁东、克鲁泡特金三个人，而在"马克思社会主义"的研究题目下面，列了四个内容：（1）唯物史观；（2）阶级战争；（3）剩余价值；（4）无产阶级专政。④ 这一研究计划将马克思的社会主义与无政府主义区别开来。

综上所述，在少年中国学会视野中，社会主义不单只有马克思主义，马克思主义只是其中的一类，马克思主义和社会主义虽有密切关联，但并非等同的概念，少年中国学会能清楚地将马克思主义与其他社会主义相区别，表明已经从宽泛的社会主义思潮中注意到马克思主义。虽然，少年中国学会已从"社会主义"中区分出"马克思主义"，并从"社会主义"聚焦到"马克思主义"，但是总体说来，少年中国学会对马克思主义的认识还不够深入，也并未注意到马克思主义作为理论优越于其他社会主义派别的地方，只是看到了不同

① 李思纯：《宗教问题杂评》，《少年中国》，1921 年第 3 卷第 1 期，第 71 页。
② 李璜：《社会主义与宗教》，《少年中国》，1921 年第 3 卷第 1 期，第 47 页。
③ 张允侯、殷叙彝、洪清祥、王云开：《五四时期的社团》（一），生活·读书·新知三联书店，1979 年，第 295 页。
④ 张允侯、殷叙彝、洪清祥、王云开：《五四时期的社团》（一），生活·读书·新知三联书店，1979 年，第 390~391 页。

理论表面上的区别。只有当人们不仅能看到马克思主义与其他各种社会主义思潮的区别，还能看到这一理论优越于其他理论的时候，才会自觉地走向马克思主义。

第三节　少年中国学会对马克思主义的关注重点

"盲人摸象"所讲述的故事表明，接受到了什么内容与形成什么样的观点是前后相衔、直接相关的，即"接受到什么"是"形成什么认识"的基础。对于一个内容丰富的理论体系而言，主体对其的接受很难面面俱到，往往会有所选择、有所侧重。本节考察少年中国学会成员在面对马克思主义时重点关注了哪些内容，哪些内容最先吸引他们，这将影响他们对这一理论的后期观感。重点关注的内容反映在少年中国学会成员围绕马克思主义所反复讨论、反复摘引的问题之中。少年中国学会成员正是以这些重点接受的内容为基础形成了关于马克思主义的认识和态度。

分析前人留下的文字会发现人们往往偏重表达自己所形成的观点以及态度，很少直接表达自己是基于什么样的"具体接受对象"而形成这样的观点，从而当后人在进行分析时，往往多从前人"形成了什么样的认识"这个角度来展开，而忽视或跳过了前人"接受到什么"这个层面的问题。实际上，"接受到什么"与"形成什么样的认识"是两个问题，而"接受到什么"是基础问题。将"接受到什么"这个问题独立出来，其意义有二：第一，这是分析不同主体的主体性表现的重要材料；第二，这符合主体认识轨迹的先后顺序，可为后续的分析夯实基础。

马克思主义是一个理论体系，由许多具体内容构成，少年中国学会成员总体上处于相同的社会背景，但有不同的理论偏好、个人经历、思维方式，对马克思主义的关注点虽并不完全相同，但也有以下几个共同之处。

一、唯物史观

1919 年李大钊在《我的马克思主义观》中首先分析的是"马氏独特的唯物史观"，李大钊将"唯物史观"作为"马氏社会主义"中的重要基础，提出

"离了他的特有的史观，去考他的社会主义，简直的是不可能"①。在分析唯物史观时，李大钊大段引用了"河上肇博士"关于《哲学的贫困》《共产党宣言》《经济学批评》序文的"译语"②；在介绍唯物史观的要领之后，李大钊又分析了与之"很有密切关系的"阶级竞争说，在将唯物史观和阶级竞争说的"梗概"分析之后，还列举了一些学者对这两个内容的评论。③ 从这篇文章中可以看出，唯物史观是李大钊当时最为关注的问题之一。1920 年李大钊又对马克思的唯物史观作了专论，即《唯物史观在现代史学上的价值》，文章开篇就说："'唯物史观'是社会学上的一种法则，又［是］Karl Marx 和 Friedrich Engels 一八四八年在他们合著的《共产党宣言》里所发见的。"④ 在文中，李大钊还列举了多种历史观与之相对比，以此说明唯物史观的史学价值。

　　恽代英对唯物史观也极为关注。1920 年恽代英在论述怎样创造少年中国时说："很信唯物史观的意见，他说道德是随经济演化而演化的（我对唯物史观的具体意见，当另为文说他）。"⑤ 在此文中，恽代英引用了考茨基的观点加以说明："过时的道德标准，还保持他势力的时候，经济的发达进步了，亦需要新的道德标准了……这样，所以发生了道德学说与实际生活不符的现象了。"⑥ 1922 年恽代英在《为少年中国学会同人进一解》中又提出："我们应研究唯物史观的道理，唤起被经济生活压迫得最利害的群众，并唤起最能对他们表同情的人，使他们联合起来，向掠夺阶级战斗。"⑦

　　李璜在讨论马克思主义时，也常围绕唯物史观展开。李璜写道："唯物史观能分辨出生产进化程序的价值；因为生产状况要到了什么程序，才致于生出何种的生活方法；并不是随便理想或采取一种经济学说，不问社会生产状况到了何种地步，便去强迫实行的。"⑧ 在此文中李璜还引用了《资本论》中的内容来阐释唯物史观的原理。

　　1922 年，少年中国学会中的社会主义研究会拟订社会主义的研究计划，其中在"马克思社会主义"的研究题目下面，列了四个内容，并将"唯物史

---

① 中国李大钊研究会：《李大钊全集》（第三卷），人民出版社，2013 年，第 5 页。
② 中国李大钊研究会：《李大钊全集》（第三卷），人民出版社，2013 年，第 14 页。
③ 中国李大钊研究会：《李大钊全集》（第三卷），人民出版社，2013 年，第 18 页。
④ 中国李大钊研究会：《李大钊全集》（第三卷），人民出版社，2013 年，第 274 页。
⑤ 恽代英：《恽代英文集》（上卷），人民出版社，1984 年，第 167 页。
⑥ 恽代英：《恽代英文集》（上卷），人民出版社，1984 年，第 167 页。
⑦ 恽代英：《恽代英文集》（上卷），人民出版社，1984 年，第 332 页。
⑧ 李璜：《社会主义与社会》，《少年中国》，1922 年第 3 卷第 10 期，第 5 页。

观"排在第一①，从中可看出当时少年中国学会对于"唯物史观"的重视。

二、马克思主义与宗教问题

少年中国学会对宗教问题颇为关注，1921 年就展开过研究和讨论，并请当时的文化名人蔡元培、周作人等做过多次演讲。《少年中国》期刊中还办了"宗教问题号"专栏，刊登多篇会员们关于这一问题的文章，少年中国学会会员还就有宗教信仰的人能否加入学会进行过讨论，赞成与反对者皆有。少年中国学会会员对宗教问题的关注是"完全当他是一个问题，取纯粹研究的态度；我们不愿遽为无研究的反对或肯定"②。学会会员就宗教问题展开讨论时各抒己见，角度也各不相同，在此过程中，有的会员将宗教问题与马克思主义联系在一起。李璜提出社会主义从来就与宗教立于反对地位，李璜首先引用了蒲鲁东这个"先觉的社会主义者，提倡劳工组织的创始者"的宗教观点，之后又提出："马克斯 Karl Marx 出来，对于蒲鲁东所主张的社会主义根本上有些不同意。但是他批评蒲鲁东对于宗教的反对论调道：'他反对宗教和教堂，至少对于当时大有根本的益处；当时法国谭社会主义还有自夸他们具有宗教的情感，比较在十八世纪福禄特尔学派和德国十九世纪无教派之上。'"③ 并指明马克思的这些话出自《哲学的贫困》，间接介绍了马克思的宗教观点。李思纯提出："基督教自然与社会主义有关。原始的社会主义，都是慈善的社会主义 (Philantlnopic)，不是科学的社会主义（Scientific）。科学的社会主义，是原始于马克思的。从前如英国的阿文（Owen）与法国的圣西门（Saint Simon）、傅立叶（Fourier）的社会主义，大概起源于人道博爱的思想。"④ 认为社会主义与宗教有某种相通之处，但一定程度上又划分马克思的社会主义与宗教的关系。郑伯奇说："有些人说社会主义以马克思的唯物史观来代宗教，因而称马克思为宗教的。这是非当否且不论，总之社会主义的某流派有代替宗教的东西，所以排斥宗教。"⑤ 认为马克思的社会主义与宗教并不相融。在宗教问题的讨论上，少年中国学会会员还通过信件与法国学者进行过讨论，其中一名叫

① 张允侯、殷叙彝、洪清祥、王云开：《五四时期的社团》（一），生活·读书·新知三联书店，1979 年，第 390 页。
② 苏甲荣：《宗教问题号（上）》，《少年中国》，1921 年第 2 卷第 8 期，第 1 页。
③ 李璜：《社会主义与宗教》，《少年中国》，1921 年第 3 卷第 1 期，第 47 页。
④ 李思纯：《宗教问题杂评》，《少年中国》，1921 年第 3 卷第 1 期，第 71 页。
⑤ 《郑伯奇等的提案》，《少年中国》，1922 年第 3 卷第 11 期，第 69 页。

罗尔比斯的学者在回信中说道:"要人群真正获益,还是该当全世界都团结起来,实现一种纯理性的纯道德的规则,内中不含一点神奇或玄想的分子:我们国际共产主义的思想 Communisme international 就建设在这个观念上面。"①但少年中国学会会员并没有沿着这个思路继续展开共产主义与宗教问题的讨论。

需要指出的是,少年中国学会虽然多次论及"马克思主义与宗教"这个问题,但实际上没有充分表达过马克思主义的宗教观点,所以严格说来,他们关注的只是流于表面的"马克思主义与宗教"这个问题,并没有深入马克思主义的宗教观中。

三、阶级斗争

1919 年 7 月,李大钊在《阶级竞争与互助》中阐述了"Karl Marx 倡的"阶级竞争说,引用了马克思在《共产党宣言》的内容,提出:"他的阶级竞争说,不过是把他的经济史观应用于人类历史的前史一段,不是通用于人类历史的全体。"② 还提出"这最后的阶级竞争,是阶级社会自灭的途辙,必须经过的,必不能避免的"③。1919 年 9 月,李大钊在《我的马克思主义观》中专辟一部分论述马克思的"阶级竞争说",引用了《共产党宣言》《〈政治经济学批判〉序言》的内容进行阐释,再次重申:"他只把他的阶级竞争说应用于人类历史的前史,不是通用于过去、现在、未来的全部。"④ 虽然李大钊一再表示竞争说并非贯穿人类历史的全部,但却把阶级竞争说视为贯穿马克思主义的"一条金线",可见对阶级竞争说在马克思主义中地位的重视。康白情曾撰文论述劳动阶级联合斗争的价值,其在论述时摘引了《共产党宣言》中的大段内容,康白情写道:"'各国的工人呵,联合罢!'这不是七十年前共产党宣言的呼声么?"⑤ 受马克思主义的启示,康白情提出劳动阶级应有四重联合:第一是职工联合,即"以职业为标准的联合";第二是实业联合,即"以实业为标准的联合";第三是泛劳动联合,即"勿论劳心劳力,凡信奉同一主义者的联合";第四是国际联合,即"以国为单位以同一主义为标准的联合",并且提出

① 李璜:《法兰西学者的通信》,《少年中国》,1921 年第 3 卷第 1 期,第 38 页。
② 中国李大钊研究会:《李大钊全集》(第二卷),人民出版社,2013 年,第 482 页。
③ 中国李大钊研究会:《李大钊全集》(第二卷),人民出版社,2013 年,第 482 页。
④ 中国李大钊研究会:《李大钊全集》(第三卷),人民出版社,2013 年,第 18 页。
⑤ 康白情:《团结论》,《少年中国》,1922 年第 3 卷第 9 期,第 4 页。

泛劳动联合是其中的"总枢纽"。刘英士在翻译《世界工人总会宣言》前的按语中还进一步说道:"工人是否必须参与政治运动,当看工人所居的特殊环境而定。"并明确提出:"马克斯与昂格尔在共产党宣言上亦曾肯定的呼唤无产阶级夺取政权,我们中国工人受怎么样的空时影响,当怎么样对付政治?"① 已经将马克思主义中的阶级斗争与当时中国工人运动联系在一起。少年中国学会会员对于阶级斗争的论述虽不相同,但在论述时大都与《共产党宣言》联系起来,将之视为《共产党宣言》的主要内容,并一定程度上将阶级斗争与当时的劳动阶级联系起来。

第四节　少年中国学会内部对马克思主义的多元态度

当我们以一个社团来分析少年中国学会时,是将其作为一个整体,而这个整体之中的成员在接受到马克思主义之后,所表现出来的态度却并不相同,多元的态度反映出社团内部思想分歧严重。

一、对马克思主义的肯定

李大钊在《我的马克思主义观》中提出马克思主义"风靡世界"但也"招了很多的误解",因此将资料进行整理,为使这一学说在思辨中"有点正确的解释",清楚表明了此文写作的目的是帮助充满争议的马克思主义辨明是非。在此文中,李大钊阐述马克思主义的内容,列举世人的评论,并阐述自己的意见,虽然此时李大钊认为马克思主义也存在"流弊"② 和"遗憾"③,但总体认为"马氏的学说,实在是一个时代的产物;在马氏时代,实在是一个最大的发见"④。1920 年恽代英在《致少年中国学会同人》中就将"马克司及其学说"列为"我盼望看见的书"的首位⑤,表现出对这一理论的极大兴趣。后来恽代英积极翻译了马克思主义的相关著作,比如恩格斯的《家庭、私有制和国家的起源》的部分内容,连载于《东方杂志》1920 年第 17 卷第 19、20 期;以及

---

① 刘英士:《世界产业工人总会宣言》,《少年中国》,1922 年第 3 卷第 10 期,第 36~37 页。
② 中国李大钊研究会:《李大钊全集》(第三卷),人民出版社,2013 年,第 19 页。
③ 中国李大钊研究会:《李大钊全集》(第三卷),人民出版社,2013 年,第 34 页。
④ 中国李大钊研究会:《李大钊全集》(第三卷),人民出版社,2013 年,第 23 页。
⑤ 恽代英:《恽代英文集》(上卷),人民出版社,1984 年,第 140 页。

考茨基的《阶级斗争》一书，1921年初由新青年社以"新青年丛书"的第8种出版；恽代英等还在创办的利群书社出售马克思主义类书刊，种种行为都表明了对马克思主义的总体认同。

二、对马克思主义的否定

少年中国学会中对马克思主义的否定态度主要是否定马克思主义的暴力革命论。余家菊虽然认为社会制度并非一劳永逸，应该不断适应环境，提出制度、风俗、习惯等具有可变性，但是反对使用武力、暴力的革命促使其改变，"在现代的思潮中，有许多人赞成用革命的方法去求社会的进步。生物学上之所谓突变，马克思之所谓'依革命而求进化'……都为许多改革派的人所时常称述……自然历史上的进化，大都是由革命得来的。但是，那一件不是血战经年，那一件的代价不是令人发恍，他的代价即如是的大，我们何不另求别种方法？如果可以获得别种方法，我们自然应该避弃他"[①]。总的来说，认为暴力的革命会酿出危险，不能实现"谐和的"进步。显然，余家菊对于马克思的"依革命而求进化"的改造社会方法并不认同，希望选择一种代价稍小的行动方案。宗之櫆在《我的创造少年中国的办法》中说道："我们不像现在欧洲的社会党，用武力暴动去同旧社会宣战。我们情愿让了他们，逃到深山野矿的地方，另自安炉起灶，造个新社会，然后发大悲心，再去援救旧社会。"[②] 实际上是逃避现实社会与现实问题，害怕斗争，与马克思主义通过阶级斗争改造现实的主张也完全不同。易家钺与王光祈在通信中讨论了主义与斗争的问题，易家钺说道："过激派主义是主张从根本上推翻现在的社会，另造成一个庄严华美的世界……只因他所执的手段过于激烈，所以才称他作过激派主义。"[③] 他认为俄国的过激派主义就是社会的民本主义，认为当时中国并不适合手段激烈的"过激派主义"。"以现在的中国而论，尚在欧洲十八世纪时代，我们若提倡社会的民本主义，反为不合时宜，只好降格求这政治的民本主义罢了。"[④]

革命与改良一直都是人们寻求改造社会的方式，孙中山在进行革命前也曾

---

① 余家菊：《什么是革命的最好方法》，《少年中国》，1920年第2卷第1期，第39页。
② 宗之櫆：《我的创造少年中国的办法》，《少年中国》，1919年第1卷第2期，第48页。
③ 张允侯、殷叙彝、洪清祥、王云开：《五四时期的社团》（一），生活·读书·新知三联书店，1979年，第291页。
④ 张允侯、殷叙彝、洪清祥、王云开：《五四时期的社团》（一），生活·读书·新知三联书店，1979年，第292页。

尝试改良之法，所以才会将自己的医馆暂停，专心撰写文案，多方联络，以求直接向李鸿章进言。但现实是改良已无法撼动当时腐败的晚清政府，革命成为不得不行的选择。经辛亥革命，社会仍然并未有实质上的大发展，而革命所带来的激烈动荡却已波及普通平民，因此，在当时的社会背景之下，革命仍然不能成为人们改造社会的首选。应该说，马克思主义的阶级斗争、暴力革命不能很顺畅地获得认同，其中一个原因就是人们对此情感上的抵触。

除情感障碍之外，马克思主义没能顺利获得认同的另一个原因，在少年中国学会中表现为思想认识上的困难。比如宗白华就不能理解马克思主义从物到思想的认识论路线。宗白华在《说唯物派解释精神现象之谬误》一文中说："若唯物派谓精神现象绝对非有，则唯物派自相矛盾，根本推翻。"[1] 并说："此篇所说当然是科学的唯物派。"[2] 还说道："唯物家有承认精神现象为有，但拟以物质现象解释之。其说有疏，可分四种。（甲）谓精神即是物质运动。（乙）谓精神即是物质运动之果。（丙）谓精神即是力之一种。（丁）谓精神即是物质运动之影相。数说虽殊，皆含谬误。"[3] 很明显，宗白华认为唯物派承认精神现象，但以物质现象来解释存在大错。虽然文中宗白华没有用"马克思主义"这个概念，但宗白华已明确表明自己所批驳的就是"科学的唯物派"，其对马克思主义的态度可见一斑。

三、对马克思主义既有否定又有肯定

在少年中国学会中，有一种现象需要注意，即有的会员对马克思主义有否定也有肯定。最突出的是李璜。李璜作《社会主义与社会》《社会主义与个人》等文章讨论社会主义，表达了对社会主义的关注，但对于马克思的社会主义却有着明显的保留和抵触，认为马克思主义并不适合中国，但仔细分析李璜的观点，我们发现这一时期他对马克思的理论并非全盘否定或全盘肯定，而是既有否定又有肯定的复杂思想。在《社会主义与个人》中，李璜说："马克斯之说所以能颠扑不破者，在其唯物史观持之有故而言之成理。"[4] 在《社会主义与社会》中李璜引用了《资本论》的内容来说明马克思唯物史观的相关原理。他说："马克斯主张共产主义，并不是他个人要这样做，是为社会事实所指出而

---

① 宗白华：《说唯物派解释精神现象之谬误》，《少年中国》，1919年第1卷第3期，第11页。
② 宗白华：《说唯物派解释精神现象之谬误》，《少年中国》，1919年第1卷第3期，第11页。
③ 宗白华：《说唯物派解释精神现象之谬误》，《少年中国》，1919年第1卷第3期，第11页。
④ 李璜：《社会主义与个人》，《少年中国》，1923年第4卷第1期，第1页。

不可避免的"，还说道："我们要谭社会主义至少也觉得该当学马克斯这样留心一下社会事实。"① 在《民主主义的革命和社会主义的革命》中，李璜又说："'共产党宣言'上，虽然经济史观把社会革命证明地那样科学的，其实马克斯在每一行字中间都露出平等公道和自由的理想。这个理想恰与民主主义的革命所抱的意义是相同的。"② 李璜将马克思的社会主义称为集产主义，自己则坚持民主主义，此话虽是对于持集产主义青年的"忠告"，但透露出对马克思主义也并不是完全推翻，而是努力寻找其与民主主义的共同点。李璜还提出："列宁何尝不是事事替农民着想，为工人设法，那知多数工人一点也不能忍耐，随时罢工闹乱子，大伤自己的元气，现在，天天退还产业，共产的数目只剩百分之二分又七十五了。共产的事业算是完全没有行到，这并不是马克斯的说法没有价值，也不是列宁做的不好。一句话说完，就是俄国的社会程度还不够。"③ 从而提出现在还不到"鼓吹主义"的时候。李璜一方面承认马克思主义是具有价值的，一方面又反对中国实行马克思主义，总体上表现出对于马克思主义的不信服，其思想中的矛盾性，反映出马克思主义的真理性难以推翻，李璜虽不愿承认但又无法完全否定。

20 世纪早期，人们对于社会主义、马克思主义的此类矛盾思想并非个例。1903 年《政艺通报》中刊有《论社会主义》的文章，其中说道："于二十世纪之天地、欧罗巴之中心，忽发露一光明奇伟之新主义焉，则社会主义（即世界主义）是也。其主义于现今世界，方如春花之含苞，嫣然欲吐，其将来焉，大地所欢迎，而千红万紫团簇全球乎。"④ 但文章又同时还说到社会主义"极不切于中国之主义也"，因为工商时代才有社会主义，而中国处于耕稼时代，认为中国的当务之急在于兴"国家主义"，在于"爱国心"。表面上欢迎社会主义，实质上有所保留，观点的矛盾可见一斑。1919 年《新青年》"马克思专号"里所登载的，也既有肯定马克思主义的文章又有否定的文章，即使在同一篇文章中，也是既有肯定的态度又有否定的态度，比如顾兆雄在《马克思学说》中说马克思的学说具有"终古不能磨灭"的意义，但又说其"包含许多错误"。⑤ 黄凌霜在《马克思学说的批评》中既指出马克思"经济学不当的地

① 李璜：《社会主义与社会》，《少年中国》，1922 年第 3 卷第 10 期，第 5 页。
② 李璜：《民主主义的革命与社会主义的革命》，《少年中国》，1923 年第 4 卷第 2 期。第 4~5 页。
③ 李璜：《破坏与建设及其预备工夫》，《少年中国》，1922 年第 3 卷第 8 期，第 34~35 页。
④ 邓实：《论社会主义》，《政艺通报》，1903 年第 2 卷第 2 期，第 4 页。
⑤ 顾兆熊：《马克思学说》，《新青年》，1919 年第 6 卷第 5 期，第 464 页。

方"，但同时又承认"马氏的学说，在今日科学界上，占重要的地位"①。当时人们对马克思主义既有肯定又有否定的矛盾状态，或是对于理论还处于初步认识期的表现，或是当时社会政治环境下应对与官方意识形态不一致的新思潮的权宜式表达，或是作者内心并不认同但又无法从理论上推翻的特有表现。

四、少年中国学会中多元态度的分析

少年中国学会中很多成员对于马克思主义还处于认识的初步阶段，个人基于自己所看到的材料发表见解，但没有一个真正共同探讨和研究的良好平台与机会，年会上的直接交流又多是以激烈的方式展开，最终意见难合，从社团整体而言，马克思主义最终没有发展为少年中国学会的"主义"。但在少年中国学会之中，三种对待马克思主义的态度并存：肯定的态度、否定的态度、既有肯定又有否定的矛盾态度。会员们的具体选择，已意味着将会走向不同的道路与方向。

少年中国学会会员接受到马克思主义后出现不同态度的现象是中国人接受这一理论早期的真实反映。不同态度的并存（以下简称"并存现象"）实际上是很多问题同时并存的体现，具体反映了接受主体长期形成的政治观、文化观、思维方式、社会环境等的不同，各种态度的"并存"是各种矛盾交织在一起形成的结果。其中少数先进分子能够率先肯定和走向马克思主义，尤其难能可贵和值得注意，表明一种新的思想趋向正在形成。

第一，"并存现象"表明少年中国学会会员对马克思主义的接受状况具有不同步性。

马克思主义并非创立者的狭隘经验总结，而是在实践基础上对世界文明精华的萃取与提炼。马克思主义创始人具有宽广的世界视野和深邃的历史眼光，他们以欧洲社会和文明作为自己理论体系的主要来源，吸取前时代的思想源泉，借鉴同时代的思想精华，借助自然科学的研究成果，完成了对黑格尔哲学、费尔巴哈哲学、空想社会主义等理论的超越，完成了唯物史观和剩余价值论两大发现。马克思遭到当局的多次驱逐，在世界各地颠沛流离的辗转中，对世界文明的吸取从未间断，存世的伦敦笔记、布鲁塞尔笔记、巴黎笔记等众多手稿记录了马克思思考的痕迹。马克思主义创始人目睹资本主义的繁荣与矛盾，考察了不同国家发展的不同阶段，体会了社会的残酷现实，也预测了未来

---

① 凌霜：《马克思学说的批评》，《新青年》，1919 年第 6 卷第 5 期，466~469 页。

的光明前景。因为有开阔的世界视野和深远的历史洞察力，所以能站在世界历史发展大势上对资本主义私有制进行尖锐批判，因而能为全人类的未来找到共产主义的方向。

马克思主义的博大精深使得要对其充分认识本身就具有相当难度。在同一个社团中，少年中国学会会员经由各种渠道都成了马克思主义的"接受者"，"接受"只是表明他们已经接触到、知晓了马克思主义，这从少年中国学会会员留下的文章对于马克思主义的某些概念、观点、著作名称的屡屡提及可以看出，即使是对马克思主义并不信服的李璜，在文章中对《资本论》某些内容的引用，也表明他对这一著作并非只是道听途说，还曾阅读过。在 20 世纪早期，作为马克思主义的接受者，少年中国学会会员的个体接受活动，包括对马克思主义著作的阅读、对马克思主义的理解、对经典作家生平的认知，各种接受活动不仅受到客观条件的局限，比如能接触到的文本的多少、文本所表现的态度的好坏；也受到主观接受能力的局限，比如个人的理论需求、兴趣偏好、阶级立场、认识能力；因此即使处于相同社会背景下，处于同一社团中，每个人的接受情况并不相同，具有明显的差异性和不同步性，以至产生不同的态度。不同态度的"并存"现象是马克思主义在中国早期接受过程中的真实反映。

第二，"并存现象"中肯定态度的出现并非偶然，是接受者对这一理论展开深刻认识的结果。

少年中国学会成员普遍认为"自从欧战停后，世界潮流排山倒海直向东方而来"[1]，并将这股"世界潮流"定位为"社会主义"。在这种背景下，少年中国学会会员对"社会主义"充满研究兴趣，并寻找着研究的入口。王光祈在与易家钺通信时说道："要研究社会主义，非研究经济学不可，故近来极欲研究经济。"[2] 李璜在给王光祈的信中也说道："看见你与易家钺君的信，内中说，要研究社会主义，非研究经济学不可；又说，与其提倡政治的民本主义，不如提倡与经济有关之社会的民本主义。这两句话真是独具要领，先得我心，令我快活得了不得。我所以从经济学史里去探讨社会主义，也是这个意思。"[3] 从经济学入手研究社会主义并非少年中国学会成员的首创。梁启超在论及社会主义时就总是把这一问题放在"生计"问题中谈。梁启超并未专门写文章系统论

---

① 王光祈：《工读互助团》，《少年中国》，1920 年第 1 卷第 7 期，第 42 页。

② 张允侯、殷叙彝、洪清祥、王云开：《五四时期的社团》（一），生活·读书·新知三联书店，1979 年，第 293 页。

③ 张允侯、殷叙彝、洪清祥、王云开：《五四时期的社团》（一），生活·读书·新知三联书店，1979 年，第 297 页。

述社会主义，在 1907 年《新民丛报》八十九号上刊载的《社会主义论》，署名是"仲遥"，梁启超只是为此文写了个序，但梁启超对社会主义的解读散见于他的《南海康先生传》《干涉与放任》《二十世纪之巨灵托辣斯》《社会主义商榷》《杂答某报》《复张东荪书论社会主义运动》等文章，应该说他对社会主义的研究也颇有心得。梁启超的《干涉与放任》是在论述"生计界"问题时讲到社会主义的产生和实质。① 在《二十世纪之巨灵托辣斯》文章中是从自由竞争产生的贫富两极问题谈到社会主义的产生，这篇文章刊登于"生计"问题之下。② 梁启超在《社会主义论序》中说："然则社会主义一问题，无论以世界人类分子之资格，或以中国国民分子之资格，而皆不容以对岸火灾视之。抑章章矣，但其为物也，条理复杂，含义奥衍，非稍通经济原理者，莫能深知其意。"③ 梁启超在《社会主义商榷》里又说："讲到国民生计上，社会主义自然是现代最有价值的学说。"④ 梁启超始终将社会主义与生计问题紧密相连，并明确提出要研究社会主义，需要通晓"经济原理"。既然研究社会主义要通晓经济，那么作为社会主义一大派别的马克思主义，也需要通晓经济才能理解了。20 世纪早期，人们也确实都将马克思主义与经济学联系在一起。1919 年戴季陶说："'马克司主义'是什么东西呢，凡是进过几天高等学堂，读过两本经济学书的人大概都可以晓得一点。"⑤ 也就表明在当时的高校中主要将马克思主义放在经济学科里。

少年中国学会的一些成员虽然已经将研究社会主义与研究经济学联系在一起，也明确将马克思主义视为社会主义的一个派别，但实际上对此没有进行深入研究。与此不同的是，李大钊在《我的马克思主义观》中大篇幅分析了马克思的"经济论"，在此文中虽然李大钊首先分析的是"唯物史观"，但篇幅最长的是分析"经济论"，并且李大钊在评述马克思主义之前，首先阐述的是马克思主义"在经济思想史上占若何的地位"⑥，并且指出："马氏的经济论，因有他的名著《资本论》详为阐发，所以人都知道他的社会主义系根据于一定的经济论的。"⑦ 为论述清楚"经济论"，李大钊大段落摘引了《资本论》的相

---

① 冰子：《干涉与放任》，《新民丛报》，1902 年第 17 号，第 1～3 页。
② 中国之新民：《二十世纪之巨灵托辣斯》，《新民丛报》，1903 年第 40、41 合本，第 1～17 页。
③ 张品兴：《梁启超全集》（第三册），北京出版社，1999 年，1701 页。
④ 梁启超：《欧游心影录》，商务印书馆，2014 年，第 45 页。
⑤ 季陶：《对付"布尔色维克"的方法》，《星期评论》，1919 年第 3 期。
⑥ 中国李大钊研究会：《李大钊全集》（第三卷），人民出版社，2013 年，第 2 页。
⑦ 中国李大钊研究会：《李大钊全集》（第三卷），人民出版社，2013 年，第 10 页。

关内容，这表明他对《资本论》已有相当程度的了解。将社会主义、马克思主义与经济学问题联系在一起的不乏其人，但能对此展开深入论述和研究的首推李大钊。从李大钊对于马克思主义的接受状态可知，李大钊能率先肯定并走向马克思主义并非偶然，是以对这一理论的理性认识和思考为基础的。

第三，"并存现象"中肯定态度的出现预示着马克思主义将从"学说"转变为"主义"。

马克思、恩格斯曾在著作中论及中国，对中国问题充满关切，一定意义上，他们也推动了马克思主义和中国实际的结合，但是他们的推动还只停留在理论层面，没有付诸实践。列宁等苏联和共产国际的领导人对中国问题也极为关注，并一定程度上指导了中国革命和建设，应该说他们同样推动了马克思主义与中国实际的结合。但是，相比这些生活在外国的外国人，在中国现实环境中最了解中国实际的中国马克思主义者，才是推动马克思主义与中国实际相结合的最直接的主体。而这个主体的产生是从最初的马克思主义接受者发展而来的。

20世纪早期，中国人已经看到在中国传统文化之外还有着丰富的外来文化，并在一定程度上对外来文化充满期待，希望从外来先进文化中寻找改变中国现状的钥匙。从文化的意义上说，最初，中国人对马克思主义的接受，是知识分子对待外来文化的心态，将马克思主义看作众多外来学说中的一种，对待马克思主义和其他西学具有共性，即关注理论本身的科学性和学理性。正因如此，无政府主义者、资产阶级的改良派和革命派、尚未有明确政治主张的学生、新闻记者等不同阶级和不同阶层的人们都共同关注到这一理论。在这个阶段，马克思主义在人们眼中主要是"外来学说"。但马克思主义不同于其他学说，是代表无产阶级的阶级利益的思想意识，具有鲜明的阶级性，而人们在接受这一理论的过程中，自觉或不自觉地进行着阶级识别和阶级定位，最终站位在符合自身阶级的思想意识一边，从而形成了与马克思主义或亲或疏的关系。当人们表现出对待马克思主义的各种各样的态度，意味着人们已经有阶级意识，而"并存现象"中肯定态度的出现则表明中国无产阶级的阶级意识已经觉醒。

因为留学生较多，少年中国学会相比同时代的其他青年社团，有着更开阔的文化视野，他们承认中西文化的差距，以开放性的文化态度对待包括马克思主义在内的外来学说。少年中国学会会员总的来说基本都关注新学，对旧式的传统思想意识有质疑，但是只有以李大钊为代表的少数会员，能坚定地走向马克思主义，这表明当时少年中国学会会员在摆脱传统思想意识上并不同步，在认清历史发展方向上不一致，无产阶级思想意识的觉醒也具有差异性。以李大钊为代表的少年中国学会会员，他们肯定马克思主义的背后，是对历史将朝有利于占人口最大多数的劳动阶级方向发展的认可与坚定。李大钊、毛泽东、恽代英、邓中夏、高君宇等少年中国学会成员，他们在马克思主义的接受过程中，发展为肯定这一理论的一支，也就是各种态度"并存"中的一支，而这一支队伍的出现，意味着马克思主义在中国的接受主体即将分化，选择马克思主义的主体开始从宽泛的接受者中脱颖出来，这是接受状况将发生根本变化的前兆，预示着马克思主义在中国将不再只是纯粹的外来"学说"，即将转变为"主义"，也就是将成为信念、信仰层面的思想理论，意味着一个旧的接受阶段将要结束，一个新的接受阶段将要开启，这也是"马克思主义在中国"即将转变为"马克思主义中国化"的前提。

第四章 少年中国学会对
中国实际问题的关注与探讨

1919 年王光祈提出，"我们'少年中国'的少年应该了解社会的生活"，从而"我们个人对于社会就有了一定的地位一定的关系一定的责任"。[①] 少年中国学会的创立旨在以中国少年创造少年中国，中国实际是其基本关注点也是主要的思考方向，少年中国学会会员虽分布各地或留学海外，但他们有一个共同关注焦点：国家的现实与未来，即使少年中国学会会员在讨论学会的"主义"问题时也清晰表现出一个基本趋向，即从中国实际出发创立适合少年中国的主义。少年中国学会会员虽然思维活跃、主张各异，但爱国救国的思想和情感大致相同，他们用不同的方式、从不同的角度担忧国运、认识国情，对实际问题的关注不仅宽广而且有深度，提出了许多颇具特色的观点，体现出深厚的国家民族情怀。

第一节 少年中国学会对实际问题的掌握方式

美好的"少年中国"令人向往，但这样的社会究竟是怎样的？如何达到？少年中国学会成员对此的回答各不相同，共同的想法是现实的社会应该改造，这种思想并非一时冲动，更不是年轻人的叛逆，而是在军阀统治之下对积贫积弱的现实国情的反思。少年中国学会对中国实际问题的关注不只是停留在口头上，而是运用不同的方式去把握、去探究。

一、观察现实生活

少年中国学会会员对中国实际问题的把握，最基本的方式是对现实生活的

---

① 王光祈：《"少年中国"之创造》，《少年中国》，1919 年第 1 卷第 2 期，第 3 页。

仔细观察，观察的结果经常出现在他们的文章中，既是他们讨论社会或研究问题的起点，也成为他们论证的依据。

陈宝锷在《男女公共生活之精神的互助》中就举了自己亲身观察到的多个实例，以此佐证自己的观点。当讲到男女性格不同，在公共交际中可形成精神上的互助时，说道："北京学生会某日开联合会，正值议场上争辩纷纭的时候，有某女士起立解释，大家立刻就镇静严肃（那天我亦在议场，的确令人叹服）。"①　在讲到女界自己有解放的要求时，又举例道："最近一个月内，我由津浦车来，同着一个独行的女子师范学生，他的态度诚恳真实，直令我佩服达极点。"②　作者将自己观察到的事实穿插于自己的议论中，清楚表明所分析的问题和得出的结论并非自己的主观臆想，而是有现实的支撑。康白情在《女界之打破》中提出男女平等就不应该有所谓"界"，"女界"的提法本身就不合理，并将自己观察到的现实融入自己的论证之中。比如他质疑道："这回各地组织各界联合会，除了'学''商''工''报'等界之外，'女界'也要算他的一种成分。这是干什么的呢？"③

少年中国学会会员在文章中还经常以自己所经历的人和事为基础展开研究，比如恽震就将自己亲身经历的学生运动写成文字，他在《学生运动的根本研究》中说："我是始终参与学生运动的一个内部职员，所以所说的不致陷于捏造虚测。"④　也比如苏甲荣在分析妇女解放问题时用"我沪上的朋友曾说过"⑤　的实例作为论述的佐证。虽然当时少年中国学会会员以各种感性材料，包括自己经历或听到或看到的一些事件作为论证依据，这样的论证方法比较琐碎，也具有一定的缺陷，但同时也反映出他们具有强烈的社会责任感，关心社会问题，关注点超越自己的个人生活和得失。他们对现实生活的细心观察、搜集和思考，是把握实际问题最基本的方式。

二、针对具体问题进行实地调查

《少年世界》创刊时就宣称"是一本注重记载事实的月刊"⑥。《少年世界》

①　陈宝锷：《男女公共生活之精神的互助》，《少年中国》，1919年第1卷第4期，第31页。
②　陈宝锷：《男女公共生活之精神的互助》，《少年中国》，1919年第1卷第4期，第31页。
③　康白情：《女界之打破》，《少年中国》，1919年第1卷第4期，第40~41页。
④　恽震：《学生运动的根本研究》，《少年中国》，1920年第1卷第12期，第14页。
⑤　苏甲荣：《对于妇女解放实行上的意见》，《少年中国》，1919年第1卷第4期，第33页。
⑥　《为什么发行这本月刊》，《少年世界》，1920年第1卷第1期，第1页。

中开设有"调查"栏目，包括地方调查、学校调查、工厂调查、农村调查等，收录了许多篇会员对现实问题的调查报告，有的文章还配有照片。社会调查是少年中国学会掌握实际问题的重要方式。

少年中国学会的社会调查主要有两种类型：第一种是对某个地区进行整体调查，这类调查覆盖面宽泛，但不够深入细致。比如杨钟健的《陕西社会现状一斑》，就是对陕西社会进行总体调查的结果，内容涵盖陕西的实业状况、妇女状况、劳动者状况等。[①] 第二种是针对同一对象进行多次调查，以此获得翔实的一手资料。比如梁空的《武汉的工厂调查》和王崇植的《武汉工厂纪略》都是聚焦武汉的工厂。梁空调查了武昌的武昌造币厂、粤汉铁路机器厂，汉口的蒸木厂、工务厂、财政部造纸厂、京汉铁路机器厂，汉阳的汉阳铁厂的基本情况，介绍了各厂的能源、工人数量、日工资数、工作时间等方面的内容。[②] 而王崇植主要调查了大冶矿厂、大冶钢铁厂、汉阳铁厂、武昌电话局、武昌无线电台、湖北兵工厂、湖北水泥厂等的基本情况。[③]

少年中国学会会员在进行调查时主要运用了实地观察法和访谈法。前者比如王崇植进行的工厂调查，"我在今年四月初，废了二十天到湖北把几个大的工厂……都看了一下"[④]。后者比如徐彦之所进行的学校调查。既是北京大学学生又是少年中国学会会员的徐彦之将自己所掌握的北京大学男女共校的过程记录下来，写成了《北京大学男女共校记》，称男女共校是"深冬时节的霹雳一声雷"，是"民国教育史上一个大纪元"，是"教育进步"的标志。该文叙述了 1919 年 3 月 15 日蔡元培在北京青年会演讲《贫儿院与贫儿教育的关系》中提出男女共校问题，1919 年 6 月邓春兰征求同志要求开女禁并上书蔡元培要求大学开女禁的基本情况，详细记载了 1919 年年假以后，9 名女生成为北京大学旁听生的曲折过程。这篇文章内容丰富、资料充实，原文记录了作者与所访谈的北京大学 9 名女旁听生中 4 人（王阑、程勤若、李晓园、奚浈）的谈话，徐彦之认为这样更加切实有效。[⑤] 这篇文章向人们展示了 20 世纪早期中国大学开女禁的艰难以及首批女学生的思想和深切感受，无论是对研究高等教育还是研究女性解放都具有重要的参考价值。

少年中国学会会员对实际问题的调查都是个人去完成的，并没有组建团

---

①　杨钟健：《陕西社会现状一斑》，《少年世界》，1920 年第 1 卷第 3 期，第 49～64 页。

②　梁空：《武汉的工厂调查》，《少年世界》，1920 年第 1 卷第 2 期，第 30～35 页。

③　王崇植：《武汉工厂纪略》，《少年世界》，1920 年第 1 卷第 6 期，第 20～30 页。

④　王崇植：《武汉工厂纪略》，《少年世界》，1920 年第 1 卷第 6 期，第 20 页。

⑤　徐彦之：《北京大学男女共校记》，《少年世界》，1920 年第 1 卷第 7 期，第 36～47 页。

队，也没有获得外界资金的支持，调查哪些问题、采用什么方式都基于自己的思考去展开。他们对实际问题的调查主要基于社会责任感和一腔热忱，虽然对调查结果的分析并不深入，但他们所掌握的是当时中国社会最真实最鲜明的客观实际。

三、与各界人士共同讨论

少年中国学会除了通过直接观察和实地调查来掌握中国实际问题以外，还借助《少年中国》和《少年世界》收录各界人士的文章，与各界人士共同探讨具体问题，以此获得更多的实际情况。

在妇女解放问题的讨论中，《少年中国》和《少年世界》除收录会员的文章外还刊登许多其他人士的来稿，特别是有意识刊登妇女的来稿，从而促成对这一问题的热烈讨论，更全面地掌握妇女解放问题的现实阻碍与隐患因素。比如《少年中国》1919 年第 1 卷第 4 期里刊有潘纫秋的《"少年中国"的女子应该怎样》、邓春兰的《我的妇女解放之计划同我个人进行之方法》、王会吾的《中国妇女问题—圈套—解放》，《少年世界》1920 年第 1 卷第 7 期刊有李淏的《我对于妇女解放的罪言》。这些女性的来稿既提出问题又分析问题，既站在女性立场又站在人类立场，从多个角度分析了妇女解放的真实状况和深远意义。此外，少年中国学会还邀请当时的社会名人参与该问题的讨论，在《少年中国》1919 年第 1 卷第 4 期上就刊登有胡适作的《大学开女禁的问题》。少年中国学会广泛吸收各界人士对同一问题的意见和看法，不同的观点相互碰撞，一定程度上有利于人们对这一问题进行全面观察和深入思考。

少年中国学会在观察、调查和讨论掌握实际问题的过程中，并非只是就事论事，也借助一定的理论深化认识。谢循初在《妇女职业的技能》中就引用国外一些学者的研究结果来辅助分析，比如用"罗马士"和"桑代克"的观点来论证男女在智力上差距甚微，提出现今男女职业上的区别是社会的产物，并非天生所致。[1] 赵叔愚还翻译了《李宁对于俄罗斯妇女解放的言论》来帮助人们认识妇女解放问题，赵叔愚提出这是列宁《伟大的开端》中关于妇女解放的言论，之所以翻译此文是因为"这一位实际的社会改良者，所发表的这样犀利的意见，实在可以算得今日的一些'珍闻'了"[2]，认为此文可作为研究妇女解

---

① 谢循初：《妇女职业的技能》，《少年世界》，1920 年第 1 卷第 7 期，第 79～83 页。
② 叔愚译：《李宁对于俄罗斯妇女解放的言论》，《少年世界》，1920 年第 1 卷第 7 期，第 17 页。

放问题的有益资料。

少年中国学会对实际问题的关注主要集中于四个问题：妇女解放问题、教育问题、家庭问题、农业问题，对这些问题不仅有实际状况的观察或调查结果，还有一定的分析与思考，虽然少年中国学会会员对这些问题的认知因人而异，甚至一个人的思想也会出现前后差异，但总体上少年中国学会会员在分析实际问题时能相互配合、相互补充，这为从实际情况出发寻求具体问题的解决方法奠定了基础，也为之后马克思主义与中国实际的结合奠定了基础。

第二节　少年中国学会与妇女问题

妇女问题是当时的一大热点，五四之后很多报刊都开设专号研究这一问题，比如《新青年》《星期评论》。"'妇人运动''妇人问题''女子解放'这些话都是近来很流行的。"① 沈泽民在《妇女主义的发展》中说妇女解放在中国现在已经"得了个萌芽"了，清末秋瑾就曾奔走呼号，但仍是"镜花水月"，"乘五四运动民气稍振的时候才又稍稍发动了一些"②。少年中国学会敏锐地看到这一问题对于社会发展的重要意义，热烈参与讨论，视妇女解放为少年中国的重要问题，"若是妇女问题不解决，我们新生活园里一定要充满不快的空气"③。少年中国学会从不同角度为妇女解放问题建言献策，提出了一系列鲜明主张。

一、妇女解放是少年中国的重要组成部分

少年中国学会会员在讨论妇女解放问题的时候大都遵循一个思考逻辑，以"少年中国的妇女应该是什么样的"为起点，从应然状态反思现实并提出达成这一愿景的方法和途径，论述中的共同观点是妇女解放是少年中国的重要内容和应有之义。少年中国学会的这种思考逻辑不仅存在于少年中国学会会员之中，也深刻影响了非少年中国学会会员。

少年中国学会会员宗之櫆在《理想中少年中国之妇女》里开篇就说道：

---

① 田汉：《第四阶级的妇人运动》，《少年中国》，1919 年第 1 卷第 4 期，第 21 页。
② 沈泽民：《妇女主义的发展》，《少年世界》，1920 年第 1 卷第 7 期，第 7 页。
③ 若愚：《致裴山先生》，《少年中国》，1919 年第 1 卷第 2 期，第 44 页。

"社会之间，男女各半，社会文化风俗之隆污，半系于妇女人格程度之高下。考之往古，证之现今，莫不皆然。盖妇女左右社会风俗思想之能力，实潜而不彰，深而不显。世之学者多忽视之，殊不知其影响所致，不亚当世之哲家文豪也。"[1] 该文指出了妇女的解放和发展对于社会的重要意义，从而提出少年中国应是健全人格之男女国民所共同组合而成的。作者还声明理想中少年中国之女子，即是有健全人格、高尚人格之妇女，并进一步解释中国妇女人格之健全并不只是识文字、知物理，更重在意志与感情方面的健全，进而提出了人格健全的妇女应当具备：崇尚实际人格、不慕虚荣，研究真实学术、具世界眼光、真诚热切的心胸、优美高尚的感情、强健活泼的体格。除少年中国学会会员外，《少年中国》和《少年世界》里的一些其他来稿也是基于对妇女现实状况的不满与畅想，对"少年中国"的妇女状况进行了展望。潘纫秋在《"少年中国"的女子应该怎样》中将妇女以前的状况比喻为是在"血污池"之中，认为女子应该脱离血污池，到平等、自由的少年中国来，提出少年中国的女子应该懂得天助自助者、自己解放自己、男女平等、不依赖男人，并提出女子要自立，就要有职业，就要有学问，就要先受教育。[2]

二、妇女要自己解放自己

少年中国学会在论述妇女问题时主要就是论述妇女如何求解放，并鲜明提出妇女解放不能依靠他人，必须靠妇女自己。李大钊对妇女解放问题极为关注，著有《妇女解放与Democracy》《战后之妇人问题》等文，强烈呼吁人们关注妇女解放。在《妇女解放与Democracy》中，李大钊提出民主应是人民的民主，人民全体就是包括男女两性在内，"妇女解放与Democracy很有关系。有了妇女解放，真正的Democracy才能实现"[3]。王光祈在回答女性来稿询问关于妇女解放的一些具体问题时也表达了同样的意思："现代女子受黑暗势力的压迫已到极点了！凡有觉悟的女子切不可再藏名隐姓、含羞怕辱、不敢出来与黑暗势力奋斗！将来女子前途的光明，全赖先生们不易屈服的精神与意志！"[4] 黄忏华还提出男女同是人类、同有人格、同为构成社会之要素，不分轩轾，然而，中国有史以来贱女而贵男，视女子如玩物、如器具、如奴隶，因

① 宗之櫆：《理想中少年中国之妇女》，《少年中国》，1919年第1卷第4期，第25页。
② 潘纫秋：《"少年中国"的女子应该怎样》，《少年中国》，1919年第1卷第4期，第17~19页。
③ 中国李大钊研究会：《李大钊全集》（第三卷），人民出版社，2013年，第89页。
④ 王光祈：《通信》，《少年中国》，1919年第1卷第4期，第57页。

此不可不将女子从奴隶的或从属的地位中拯救出来，并"基于高妙平等之真谛"提出四点解放妇女的当务之急：恢复其自由、发挥其本能、平等其教育、独立其经济，在文末还明确提出妇女解放、男女平等根本还在于妇女自身的努力，"言解放女子者相对之言，越俎代谋，终难亲切。女子而欲自侪于平等也，则宜有所觉悟"①。黄忏华看到了中国妇女的境遇，列举了妇女地位改变的途径，并点明妇女寻求解放的根本点不在于别人而在于自己，即妇女要自己解放自己。

在妇女解放问题上，少年中国学会的一些会员还分别从男女两个角度来分析。张崧年认为"女子解放"这个名词是非常不妥当的，因为"解放"包含着轻辱的意味，将解放者与被解放者立于不平等的地位，两朋友若是相互敬重，绝没有这个说把那个解放的，敬重别人的价值的绝不说去解放人，晓得自己价值的也必不甘受人解放，从而提出："吾们现在应当唱导的不是女子解放，只是女子独立。"②张崧年认为"妇女解放"只能是妇女自己的表达，旁人不宜用。从词语的辨析中可以看出张崧年思想中的进步性和周密性。田汉在《第四阶级的妇人运动》中说妇女运动可以区分为男子的妇女运动和女子的妇女运动两种，男子的妇女运动是"妇人尊重"问题，女子的妇女运动是"妇人自觉"问题。在解释何为"妇人自觉"时，田汉把妇人运动分为四个层次：第一层次即君主阶级的妇人运动如武则天的运动；第二层次即贵族阶级的妇女运动，如中世纪各国贵夫人之操纵政局；第三层次即中产阶级的妇女运动，如资本主义勃兴后各国随之而起的女权运动。但因为这三个层次的运动都不去探究最初妇女为何屈服于男子而失去其地位，所以这三种运动并非自觉的妇人运动，从而提出真正彻底的运动便是第四阶级的妇人运动，也就是劳动阶级的妇女运动。因为"此种运动者，自觉女子原始的地位之失坠：（一）由于不能为人生必要物之直接生产者；（二）由于女子不能受人生应受之训练"③。也就是提出，妇女必须清楚自身在社会上为何失去地位，其解放运动才具有彻底性。田汉没有花过多笔墨分析男子的妇女运动，而是侧重分析女子的妇女运动，表达了两层含义：其一，妇女的妇女运动才是妇女运动的根本；其二，妇女的妇女运动其根本又在于"妇人自觉"问题，简单说来就是认为妇女要清楚自身无社会地位的原因，只有抓住根源、提高觉悟的奋斗才能解放自己。

---

① 黄忏华：《社会之历程及改进》，《少年中国》，1919年第1卷第5期，第42页。
② 张崧年：《女子解放大不当》，《少年中国》，1919年第1卷第4期，第43页。
③ 田汉：《第四阶级的妇人运动》，《少年中国》，1919年第1卷第4期，第21页。

三、妇女解放要从教育入手

少年中国学会认为妇女解放问题"虽女子自身问题，然实系中华民族生存问题，故又可谓为男子自身问题"[①]。学会在讨论妇女解放问题时以男女的平等为目标，提出要推动男女的平等，就要推动教育的平等，也就要推动女子教育的发展。会员黄日葵在《何故不许女子平等?》的文章中直接说："男女平等是天经地义了，然而现在人为社会的设施却没有一样不和这天经地义相反对。"[②] 提出妇女运动的第一步应是妇女争取接受平等教育的机会和权利。在当时的社会背景下，少年中国学会对推动妇女教育主要的落脚点是推动男女同校。对于男女同校问题，康白情的观点最为彻底。康白情以前曾著有关于男女同校的文章，但只是主张大学和小学应该男女同校，将中学的男女同校问题排除了，后来认为这种办法事实上有许多缺陷，因此提出"绝对的男女同校"，即不论是各级学校，一律都应男女同校，不应该再有区分，主张男子能接受的教育，女子都应该接受，男女教育的平等体现在所有的教育阶段中。康白情认为不解决男女教育平等问题，一切的妇女解放问题都是无从解决的，还说道："我们既承认男女的能力初无二致，就不该用教育来限制他们学习的技能。"[③]

从教育入手解放妇女，这也是《少年中国》和《少年世界》选登文章的基本观点。邓春兰在《我的妇女解放之计划同我个人进行之方法》一文中提出女子解放是要紧的事："至于解放女子的顺序……似乎是要先解放学校，然后再解放职业，然后再解放政权，到了解放政权都运动成熟了，那么废除妾婢娼妓制度啦，什么改良婚姻制度啦，自然就如同在衣袋里取东西的一样容易了。"[④] 还提出应该在京设立一个"妇女协进会"，在各地设立分会，专门从事妇女解放的相关事宜。关于男女同校问题，《少年中国》和《少年世界》刊登的一系列文章还产生了许多观点的交锋。胡适在《大学开女禁的问题》中提出大学应该开女禁，并提出应当的次序：第一步是大学应当聘请女教授；第二步是大学先收女子旁听生；第三步是女学界的人要研究女子学制，把女子中学的课程与大学预科的课程相衔接。但是胡适又说虽应有此主张，但现在还不是热心提倡

---

① 王德熙：《南京高等师范男女共校之经过》，《少年世界》，1920 年第 1 卷第 7 期，第 57 页。

② 黄日葵：《何故不许女子平等?》，《少年中国》，1919 年第 1 卷第 4 期，第 37 页。

③ 康白情：《绝对的男女同校》，《少年中国》，1919 年第 1 卷第 4 期，第 23 页。

④ 邓春兰：《我的妇女解放之计划同我个人进行之方法》，《少年中国》，1919 年第 1 卷第 4 期，第 11 页。

的时候，因为应该先有程度符合能直接进入大学的女子。"主张大学开女禁的人……赶紧先把现在的女子学校彻底研究一番，应改革的，赶紧改革，方才可以使中国女子有进入大学的资格。"① 认为眼下的当务之急是进行妇女教育的调查研究，改革现有教育，先让女子有进入大学的条件，然后再来谈大学开女禁的问题。言外之意是现在谈这个问题为时尚早。而同一期的文章中，就有观点与之截然相反。周炳琳提出："有人说，现在女学生的程度不够入大学，就使大学开放，女学生还是不能进去求学。这话我不相信。"② 周炳琳提出妇女解放应从教育入手，而且应该是"自上而下"的方法，即从大学教育开始。但对于周炳琳提出的"自上而下"的方法，苏甲容却认为不恰当，应该是"自下而上"。苏甲容在《对于妇女解放实行上的意见》中将妇女解放问题先做了细分，认为在关于妇女解放的各类事务中，教育的解放最根本；在各类妇女中，将要受教育的青年女子最根本，从而提出妇女解放的入手之处是"小学教育"，也就是从"十龄以下"的女娃娃抓起，提出"现在若能够把初等教育赶紧提倡改善，一二十年之后，新女子的大生命，就不难涌现了"③。在此文中，苏甲容还从女子教育问题说到女子的职业问题，并提出一系列适宜妇女的职业，比如中等以下学校教员、印刷局和电话局里的工人，表达女子受教育之后可以自己谋生，从而获得新生活。

对于妇女解放，少年中国学会及其所办刊物所表达的观点基本趋于一致，都认为应从接受教育开始，表面上反映出对教育抱有很大期望，肯定接受教育才是妇女得以解放的重要途径，深层次上肯定思想的力量，认为只有思想的觉悟和解放才能获得真正的解放。

四、男女职业的平等

少年中国学会讨论男女平等问题除了关注男女教育的平等之外，还关注男女职业的平等。康白情认为："女子若要做'人'，便应该脱离他们的特殊社会而加入普通社会即是'人'的社会中，无论什么'界'都要有女子的足迹。这个不祥的名词'女界'就应该随着它的实质首先打破。"④ 在《绝对的男女同校》一文中，康白情也表达了相同的观点，即所谓的"学""商""工""报"

---

① 胡适：《大学开女禁的问题》，《少年中国》，1919年第1卷第4期，第2页。
② 周炳琳：《开放大学与妇女解放》，《少年中国》，1919年第1卷第4期，第29页。
③ 苏甲荣：《对于妇女解放实行上的意见》，《少年中国》，1919年第1卷第4期，第33页。
④ 康白情：《女界之打破》，《少年中国》，1919年第1卷第4期，第40页。

各界本来就应该有女子的身影，不应该再单独区分出一个"女界"。① 为论证男女职业应该平等，谢循初还列举了国外一些研究，表明"现在科学所能观察得到的，男女平均的智力相差很微；在实际上，男女平均起来，都能做同样的事业"②。还说现在的男女分工是社会造成的，并不是男女智力上有多大差别，而是男女生理差别形成的趋势。

关于职业平等问题，少年中国学会会员还与会外人员发生过小摩擦。左舜生发起"小组织生活"的提议，并认为应该招收女士参加。王光祈对此积极响应，双方以书信热烈讨论，王光祈提出："我们家眷可以办理衣服鞋子。"③ 这句话引起不快，黄蔼（非少年中国学会会员）认为这侵犯女权，以致王光祈专门写《致黄蔼女士书》解释这个问题，表明自己并非轻视妇女之意，只是按照经验及能力来进行的分工安排。王光祈的这个说法同样受到左舜生的批评。左舜生解释说"小组织"的生活"不单单是物质的共同生活，同时还是精神的共同生活，就是我们所以希望女子加入的原故，也是希望他们精神方面的互助居多，物质方面的互助还少"④。这个事件虽小，但反映出少年中国学会会员对于男女在职业上应该平等已具有了初步的观念。

五、少年中国学会应招收妇女会员

少年中国学会用实际行动表明了支持和呼吁妇女解放。首先通过所办期刊为女性搭建言论平台，比如《少年中国》1919年第1卷第4期开设的"妇女问题杂谭"栏目，就收录多篇妇女来稿，并且凡女性的文章在作者处都注明"女士"二字，从而使这一问题的讨论不仅能听到男士的声音，更能听到女士对自身解放的心声，具有了完整性和丰富性。除了讨论问题积极倾听女性声音之外，少年中国学会还主张在招收会员时积极吸纳妇女。王光祈提出："若是女子虽没有受过教育，只要品性纯洁，而他的丈夫，却合这小组织的资格，应得一同加入。因为现刻中国受过教育的女子尚少，而且人人都有向上的可能性，我们只要利用他的可能性，引导他们，一定可以成功的。"⑤ 曾琦提出要实现少年中国，就要异于从前一切团体，其中就包括吸纳妇女会员，"从前的

---

① 康白情：《绝对的男女同校》，《少年中国》，1919年第1卷第4期，第22~25页。
② 谢循初：《妇女职业的技能》，《少年世界》，1920年第1卷第7期，第80页。
③ 若愚：《致黄蔼女士书》，《少年中国》，1919年第1卷第2期，第40页。
④ 舜生：《答若愚》，《少年中国》，1919年第1卷第2期，第39页。
⑤ 若愚：《致夏汝诚先生书》，《少年中国》，1919年第1卷第2期，第44页。

团体，多重男子而屏女子。我们的团体是女子亦得为会员，无所谓男女界限"①。1920 年黄日葵基于学会发展的需要提出"有增收（男女）会员之必要"②。从目前的资料看，并不能确定少年中国学会有妇女会员，但可以肯定的是，由少年中国学会发起创立的北京工读互助团第三组就是女子组，所以又叫"女子工读互助团"。左舜生还在提倡小组织时就提出："'男子对于本团应具的资格，女子亦必具有之。本团直接认女子为团员的一员，不与其夫有如何连带的关系和责任'这个态度，我是报得狠坚决的。"③

少年中国学会对妇女解放问题的关注，表明他们的思想已经突破了封建社会男尊女卑的陈旧观念，对男女同校、男女职业平等、社团招收女会员的主张又反映出对现代"平等"观念的理解并非只停留于理论认识的层面，已经和中国的现实需要结合在一起。他们的探索和表达虽然还有不完备之处，但对于正在历史路口寻找方向的近代中国来说无疑是具有进步意义的。

第三节　少年中国学会与教育问题

少年中国学会虽是一个思想兼容并包的组织，但对教育问题重要性的认识却明确而集中。1920 年，《少年世界》以"学校调查"栏目为平台，分别介绍了北京大学、国立北洋大学、河海工程专门学校、国立北京高等师范学校、北京高等师范附属中学校、交通部上海工业专门学校、南京高等师范等学校的情况，主要的目的是"意在给一般青年学生狠明瞭的一个观念：那个学校好，可以入；那个学校不好，不可以入"④。站在已经接受过教育的人的角度为需要接受教育的人提供一些有针对性的建议和帮助。少年中国学会对教育问题的关注目光独到，紧紧抓住女子教育、教会教育等当时的热点现实问题，这或许与少年中国学会会员多与教育领域有关有着密切关系，"会员们差不多全体和教育界有关系，至少读书的占一大半"⑤。少年中国学会对教育问题的探索与妇女解放、家庭解放等其他实际问题的探索相互联系，但因与自身的背景相关，体现出更多的历史责任与情感共鸣。

---

①　曾琦：《留别少年中国学会同人》，《少年中国》，1919 年第 1 卷第 3 期，第 52 页。
②　日葵：《会员通讯》，《少年中国》，1920 年第 1 卷第 12 期，第 61 页。
③　舜生：《答若愚》，《少年中国》，1919 年第 1 卷第 2 期，第 39 页。
④　徐彦之：《北京大学》，《少年世界》，1920 年第 1 卷第 1 期，第 27 页。
⑤　刘衡如：《少年中国学会问题》，《少年中国》，1921 年第 3 卷第 2 期，第 6 页。

一、少年中国学会关注的主要教育问题

少年中国学会对于教育问题的关注主要集中于四个方面：妇女教育问题、教会教育问题、学生问题（主要是学生社团及学生运动）、国家主义教育问题。这些问题都是当时教育领域的热点和重点问题，少年中国学会对此的重视反映出知识分子对于教育问题的敏感以及作为知识分子的责任。

（一）妇女教育问题

少年中国学会对于妇女解放问题极为关注，认为接受教育对于妇女解放意义重大，为了解妇女接受教育的真实情况，一些会员还专门就女子教育问题进行了实际调查。陈淯调查了北京一所私立的初级师范学校，写成《北京私立尚义女子师范学校》一文，详细介绍学校的创办缘起、教职员情况、经费来源、训育状况、课程开设、学生背景、校风等问题。其中说到学校创办八年以来"毕业的学生仅有一班共计十人"颇为遗憾；讲到学校对学生的训育主要有三条：自立、科学实用、新旧融合，在"自立"方面特别解释道："因为女子地位所以低落的缘故，实因无知识，既无知识，即无能力自谋生活，故退堕到这般地步，所以讲演时的问题第一就是鼓励他们自治万不可依赖别人。"[①] 对于该校的训育，作者赞赏有加。会员恽震认为现在妇女状况的实际调查，是研究妇女问题的第一着手处。他根据对上海女校进行的调查，写成《上海女校概况》，其中说道："据上海学生联合会的调查，高等小学以上的女校不到二十处，人数只得八百。若合未入联合会的一起计算，校数也不满三十，人数也不满二千。偌大一个上海地方，读书求学的青年女子，只得一千多人，其余的都是醉生梦死。女子教育这样幼稚，可还不是半身偏废的时代。"[②] 在文中恽震对于父母教导女孩为了嫁如意丈夫而学习的训词充满无奈；对于女校看重文艺美术、看轻科学的状况，提出不应把两性的不同用来做求学的异同；对于女校有检查信函的校规但并没有遭到反抗表达了不满。恽震认为女生应该"废装饰"才能体现其价值，因为装饰主要是为取悦别人而设。

除了少年中国学会会员自己的调查结果之外，《少年世界》还刊登有非会员关于女子教育的调查文章。彭亚粹调查了金陵女子大学，全面介绍了该校的

---

① 陈淯：《北京私立尚义女子师范学校》，《少年世界》，1920年第1卷第9期，第28页。
② 恽震：《上海女校概况》，《少年世界》，1920年第1卷第8期，第90页。

历史、教师、学生、校舍、课程、入校手续及费用，认为该校 1915 年成立时只有学生 9 人，5 年之后发展为约 50 名学生在当时已经不错了，并针对社会上认为女子的各种才能不及男子的谬误见解，比较了同一班级里男女同学的学业成绩，结果是女生的成绩优于男生。①《少年世界》中还刊有倪亮的《江苏省立第一女子师范学校》和汪思诚的《江苏省立第一女子师范学校学生生活》，两篇都是关于江苏省立第一女子师范学校的文章，但前者是从学校的历史、校舍、学制、校训等方面进行总体介绍，后者专注于介绍该校的学生生活，两篇文章从不同角度展示了江苏女子师范学校的状况。

少年中国学会通过会员的调查以及在所办刊物上刊登女子教育状况的文章，指向性明确，向世人呈现了当时女子教育的基本状况，为推动妇女解放、男女平等提供了支撑。

（二）教会教育问题

在 20 世纪早期的中国城市，教会学校并不鲜见，由知识分子组成的少年中国学会不可能不注意到这种情况的存在。虽然，当时的知识青年普遍承认中国与外国相比在很多方面差距较大，但并不意味着他们对于这类充满外国元素的教会学校只有推崇。少年中国学会对此就有清醒的认识和一定的警惕态度，基本主张是教会学校的教育有明显弊端，必须改革。左舜生在《答若愚》一文中说当前教育改革最要紧的事是两件："（一）就是对于商务印书馆中华书局中小学教科书的革命；（二）就是对于一切教会学校的革命。"②虽然作者在此文中没有展开论述其中的缘由，但将"教会学校的改革"列为"最紧要的事"的二者之一，充分表明了对其的顾虑。恽震在《上海女校概况》中对教会所办的女校进行了介绍，但对于教会学校极其重视英文，国文太欠缺，表示担忧。③余家菊对教会教育问题进行了透彻分析，专门写了《教会教育问题》一文，余家菊认为宗教与教育本该势不两立，混宗教于教育之中，将使教育丧失其根本作用，提出教会学校的目的是彻头彻尾地传播宗教，因为根本方针的荒谬，即使期间有一些可取之处也不能将功补过。这篇文章最精彩的地方还在于作者清楚指出了当时教会学校所具有的侵略性质，余家菊提出："于中华民族之前途有至大的危险的，当首推教会教育。教会在中国取得了传教权与教育权，实为

①　彭亚粹：《金陵女子大学》，《少年世界》，1920 年第 1 卷第 8 期，第 100～107 页。
②　舜生：《答若愚》，《少年中国》，1919 年第 1 卷第 2 期，第 39 页。
③　恽震：《上海女校概况》，《少年世界》，1920 年第 1 卷第 8 期，第 90～94 页。

中国历史上之千古痛心事。"① 他认为教育权丧失乃武力侵略当然的结果，指明教会教育的企图是使中国变成一个基督教的国家，教会教育的危害有三：其一教会教育是侵略的，其目的是克服中国人固有的精神，而代以基督教的信仰；其二基督教制造宗教阶级；其三教会教育妨害中国教育之统一。其论述在当时可谓振聋发聩、意蕴深远。1922 年《少年中国》转载蔡元培的《教育独立议》。蔡元培说教育的责任"不是把被教育的人，造成一种特别器具，给报有他种目的的人去应用的。所以教育事业，当完全交与教育家，保有独立的资格，毫不受各派政党和各派教会的影响"②，提出教育要超然于政党与教会。蔡元培推崇的教育独立与余家菊提出的教育与宗教势不两立具有异曲同工之处。在少年中国学会中，余家菊对于教育问题很有心得，还写过多篇研究教育的文章，对教会教育问题的重视以及对教会教育背后的侵略实质的觉察，表明其眼光深邃，并不是停留于教育表面而泛泛而论，已经从历史视野和国家大局分析教育问题，这对于半殖民地半封建的近代中国具有明显的进步意义。

（三）学生问题

少年中国学会的成立与学生运动有着密切关联，少年中国学会本身主要由青年知识分子组成，一部分还是在校学生，他们观察和思考学生联合、学生运动的状况并将之整理成文，既是对自身经历的反思，也是对社会热点的关切。他们收集整理的丰富资料展现了当时青年学生的基本风貌。恽震叙述了上海学生联合会的成立及宗旨、上海学生罢课的情况以及全国学生联合会的成立等问题，提出学生联合会的成立"就是我们要自身相互联合做种种改造自身的事业，再同时沟通社会与学校的阻碍，使学生能尽力服务社会，在各方面（包括政治在内）做改造的发展"③。周炳琳则分析了五四以后的北京学生，认为五四运动是北京学生思想变迁的大关键，因为学生以前只知道不满意旧的，现在已经有了"布新"的趋势，"'抵抗强权'和'开辟新机'就是'五四'以后北京学生的生活"④。周炳琳还叙述了五四运动后没有被捕的学生拼死搭救被捕的学生，以及各校速起联络、团结斗争的情况，不仅讲了男学生的情况，还专门讲了女学生与男学生一致争外交、赴新华门请愿、要求更换迂腐校长、要求大学开女禁等进步行为，认为学生奋斗精神与牺牲精神都非常丰富。康白情

① 余家菊：《教会教育问题》，《少年中国》，1923 年第 4 卷第 7 期，第 1 页。
② 蔡元培：《教育独立议》，《少年中国》，1922 年第 3 卷第 7 期，第 63 页。
③ 恽震：《学生运动的根本研究》，《少年中国》，1920 年第 1 卷第 12 期，第 16 页。
④ 周炳琳：《"五四"以后的北京学生》，《少年世界》，1920 年第 1 卷第 1 期，第 15 页。

则聚焦北京大学学生，其在《北京大学的学生》一文中详细介绍了北京大学三十余个学生团体以及各个团体大概的活动，在叙述中将学生团体主要分为几大类别——品性的团体、智育的团体、体育的团体、美育的团体、德育的团体；还介绍了学生团体的爱国活动，比如北京大学消费公社在五四运动中销毁日货的情况。康白情认为北京大学"惟其是社会化的，所以其中很少'闭门造车'的人材，大抵都习于社会的知识和技能，能以所学的用诸社会；如五四运动，就是他结的小小的一个果"①。章一民主要聚焦天津学生的平民教育和文化运动两个方面：天津学生在平民教育方面主要是开办"平民夜学校"、"国民半日学校"、"工人新期日学校"、"露天讲演团"、"学徒义务学校，同各工厂补习学校"、"人力车夫休息处"（即搭建棚子当人力车夫休息时进行短暂教育的地方）、"平民义塾"（即针对贫困儿童的教育），在文化运动上主要是创办《天津学生联合会报》《醒世周刊》《平民半月刊》《新生命》《导言半月刊》等刊物。章一民认为："'五四运动'以来，各地学生闻风而应，起来做学生当作的事。"② 少年中国学会会员对于学生社团及学生运动的关注虽然聚焦的角度不同、地域不同，但有一点极为相似，即都认为自五四运动始，青年学生在思想上和行动上已有了很大的发展变化，并已经开辟了新的天地，有了新的气象。

（四）国家主义教育问题

诞生于欧洲的国家主义及其教育思想 19 世纪中后期逐渐传入中国③。国家主义及其教育思想在少年中国学会中引起了一定程度的重视。1923 年余家菊和李璜合著的《国家主义的教育》出版。之后恽代英作《读〈国家主义教育〉》，敏锐指出了余家菊和李璜书中的不妥之处："两兄有一共同忽略之点，即全书均未注意中国人所受经济侵略的势力，与中国人以后应从经济上求脱离外人的束缚。"④ 提出教育的方针是救国，"中国今日的教育，宜单纯注意救国的需要，才能举救国的实效"⑤，反复强调应在救国的大局中讨论教育问题。吴俊生在《国家主义的教育之进展及其评论》中详细论述了国家主义教育出现的原因、背景和实施情况，认为其有利有弊，利是在民族自保方面有相当的价

---

① 康白情：《北京大学的学生》，《少年世界》，1920 年第 1 卷第 1 期，第 48 页。
② 一民：《天津学生最近之大活动》，《少年世界》，1920 年第 1 卷第 1 期，第 20 页。
③ 范双利、黄甫全：《国家主义教育思想对当今中国教育的启示》，《华南师范大学学报（社会科学版）》，2016 年第 2 期，第 58~64 页。
④ 恽代英：《恽代英文集》（上卷），人民出版社，1984 年，第 405 页。
⑤ 恽代英：《恽代英文集》（上卷），人民出版社，1984 年，第 402 页。

值，弊是与国际主义、国民个性相冲突；提出"一方面尊重国家，一方面尊重国民个性的国家主义的教育，可以名之曰，'相对的国家主义的教育'，与以前之极端的绝对的国家主义的教育相别。我想此种主义的教育，有最初国家主义之精神而无现实国家主义之弊害，在中国是可行的"①。表达了应对外来的"国家主义教育"进行改造以取其精华从而适用于中国的主张。左舜生在讨论教育界的"主义问题"时也提出："我们赞成一种内结民族，外抗强权，同情弱小，厚贮实力的新国家主义的教育以救济现教育界的国家主义。"② "新国家主义的教育"这一概念的使用，清楚表明了其将国家主义教育与当前救国主题紧密联系在一起的基本思想。经会员的反复探讨，少年中国学会确认了教育之于救国的重要性以及救国之于教育的重要意义。

少年中国学会关于国家主义教育的讨论也吸引了非会员的加入。萧楚女认为余家菊、李璜的《国家主义的教育》和陈启天的《新国家主义与中国前途》都有不足，提出要热爱的应是我们自己的国家，而不是"英美日本底雇员们所组织的吃饭机关"，主张要先把中国恢复到中国人手里，再叫中国人去爱，否则提倡爱国，就是拥护了敌人，而这一点，余、李、陈三人都忘记了。"现在是白刃当前，猛虎在后——全民族或全阶级在生活战线生死决战的时候了！"③当务之急是赶走敌人，夺回阵地。萧楚女一针见血地指出了国家主义教育的首要问题是人民要爱什么样的国家的问题，清楚表明了当时中国教育面临的紧要任务是救国。为掀起国家主义教育问题的讨论热潮，《少年中国》还摘录了其他杂志的相关文章，比如导之的《从什么地方看出国家主义的教育的需要》和《我国现时需要国际主义的教育吗？》。导之提出我国并不急需世界主义或和平主义的教育，从我国的民族性而言，我国民族根本上就并非侵略的民族；从国人社会生活的习性观察，国家主义并未充分发达，部落思想、地方主义、同乡主义较盛行，进行世界主义的教育相当于越级，并且现在国家所处的形势比前清还要危险，全然没有提倡和平主义教育的余地。④ 导之在另一篇文章中表明，国家主义的教育是"要振作独立自尊的精神的"，是"要将全国国民造成一个苦乐与共、息息相通之有机体"，是"要以国家之统一与独立为全国国民共同趋附之目的"，并列举数条理由以说明"今日之不容不鲜明的主张国家主

---

① 吴俊生：《国家主义的教育之进展及其评论》，《少年中国》，1924年第4卷第10期，第13页。

② 舜生：《现在的新教育家有主义吗？》，《少年中国》，1924年第4卷第10期，附录。

③ 萧楚女：《讨论"国家主义的教育"的一封信》，《少年中国》，1924年第4卷第12期，第10页。

④ 导之：《我国现时需要世界主义的教育吗？》，《少年中国》，1924年第4卷第10期，第3~5页。

义的教育"①。

从少年中国学会会员的观点以及《少年中国》和《少年世界》中选登的关于国家主义教育的文章可以看出，少年中国学会深知教育要以国家和社会的需要为指南，呼吁救国是当时的第一要务，教育应为救国服务。"我们所谓国家主义，换一句话说，只是求中华民族独立，除此以外，别无余意。"② 清楚表明少年中国学会所讲的"国家主义"是求中华民族独立的理论。

除以上四个主要的方面外，少年中国学会会员还对乡村教育也颇为关注，为避免叙述的重复，这个问题将放在"少年中国学会与农村问题"中进行阐述。另外，少年中国学会也讨论其他一些零散的教育问题。其一是小学的训育问题。邰爽秋在《小学训育问题》中提出，现今学校的通病就在把训育看得太过狭窄，以为凭借几节"修身"课或是临时的几次训话，就可达到训育的目的，其实不然，作者提出"无意的训练"："所谓无意的训练，就是教师，对于儿童施一种道德的训练，在儿童方面，未尝觉得，而于不知不觉之间，入于正轨。就是在教师方面讲，行这种训练许多时之后，也就变成无意的，不觉得对于儿童有什么道德的训练。"③ 作者认为这种将训育不知不觉融入各类实际教育中的方法更有效，所推崇的是"润物细无声"的道德教育方法。其二是教学中的师生关系问题。余家菊在《教师和学生间的交际问题》中提出现在学生等着放假、教师等着打下课铃、师生之间只是五十分钟的关系的状况必须改善，现在大多数的学生对于学校的态度，不是冷淡就是嫉恶，造成这种状况的最大症结是"师生的隔阂"。余家菊总结了师生之间没有交际、不相往来的消极关系会造成许多弊害：养成冰冷的国民、变态的人生、阶级观念的固化、事务上的障碍、个性的抹杀；并进一步分析了师生之间没有交际的各种原因，包括历史上形成的不与人接近以维持权威、与人无求与世无争的国民性、现今交际界的种种不堪、教师的不负责任。余家菊还提出了改善之法：制造师生交际的机会、相信社交即生活以及在交际中具有德谟克拉西的精神。余家菊在文末强调："师生的交际问题，是改造国民性的问题，是确定德摩克拉西的问题，是变学校为社会的问题。"④ 其三是教学环节中的学生注意力问题。杨效春认为："要是教的人不能使学生注意于所教的事物，学的人不能使自己注意于所学的

---

① 导之：《从什么地方看出国家主义的教育之需要》，《少年中国》，1924 年第 4 卷第 10 期，第 9 页。

② 编者：《关于国家主义的讨论种种》，《少年中国》，1924 年第 4 卷第 10 期，第 1 页。

③ 邰爽秋：《小学训育问题》，《少年中国》，1920 年第 2 卷第 2 期，第 49 页。

④ 余家菊：《教师和学生间的交际问题》，《少年中国》，1920 年第 2 卷第 3 期，第 31 页。

事物，则教学只是枉费。"① 因此提出要研究教育中学生的"注意"问题，并论述了注意的意义、根据、注意的取舍、注意的种类、个体注意的差别、引起注意的方法 6 个问题。其四是留学问题。李璜在《留学平议》中说留学运动开展几十年，但并未收得何种较好的效果，其原因包括教育部派遣留学生目的不明确，父兄只提供金钱不加监督。作者认为现今的状况应当改革并提出几条方案：北京大学派教师留学的办法、实业家派遣工匠的办法、成美会的办法（即挑选好学的寒士去留学）、留法俭学会的办法（即提倡勤俭留学）、留法勤工俭学会的办法（即以工求学）、办海外大学的办法。②

总体说来，少年中国学会对于教育问题的关注面是宽广的，对改革当前教育的主张是明确的，并在尽力思考对策与方法，他们积极探索留下的一些思想也是发人深省的。

二、少年中国学会关于教育问题的进步观点

少年中国学会对于教育问题的探讨不单纯是会员基于自身立场的思考，也是对社会现实的关注，其中不仅有对实际问题的认识，也有对理论问题的思考，会员们在研究中提出的一些观点于当时于当今都具有积极意义。

（一）教育要为社会和国家需要服务

恽代英 1918 年从私立武昌中华大学毕业后在母校附中任教，1920 年 11 月后又到安徽第四师范学校任教，对于当时的中学教育、高等师范教育均比较熟悉，以此为基础，恽代英对教育问题展开了许多深刻思考。在《敬告高等师范教职员及学生》一文中，恽代英提出高等师范教职员不能只把学生培养成可以适应眼前社会的人，而是应该把他们培养成"改造理想社会的人"，"高等师范的训练，应该使学生知道他们是为人类服役的人……他们惟一应该注意的，便是怎样能使他们的学生能完全或多数成为有益于人类的人"③，提出了教育应该面向未来、面向世界的问题。苏甲荣提出救国不是少数人的运动，要救国就要普及教育，文化运动是普及民众的运动，不是知识阶级的知识交换，文化运动的根本就是教育扩张，是已受教育和正受教育的尤其有教育未受教育者的

---

① 杨效春：《教育上注意的研究》，《少年中国》，1921 年第 3 卷第 5 期，第 8 页。
② 李璜：《留学平议》，《少年中国》，1920 年第 2 卷第 6 期，第 1~7 页。
③ 恽代英：《敬告高等师范教职员及学生》，《少年世界》，1920 年第 1 卷第 4 期，第 51~52 页。

责任，强调："要使中华的民族起死回生，要使民治的共和实现，只有普及教育；要创造少年中国，就先有少年中国的民众。……以前文化运动是少数人的事业，以后便应该出齐人马。"① 将教育事业放在为中华民族开创未来的历史重任中。张梦九提出今日中华民族，为培养国民信仰、养成国民组织力以及统一中国，办国民大学刻不容缓，并对如何开办国民大学提出了一些设想，认为"中华民族今已到日暮途远之时矣！惟国民大学犹为四万万人之一线希望"②。杨效春提出学生不能只管读书，目前的学校教育培养的学生只会打"空大鼓"，提出学校教育应"（一）减少课目及上课时间，多辅导学生课外作业；（二）极力提倡劳力主义的教育以训练青年的手足筋骨"③，认为只有如此才能培养真正有益于社会的人才，而不是特殊人类或社会游民，提出了教育不能脱离社会的需要。

（二）教育实践应与国情相适合

周太玄提出："我国现实无论为政治革新、社会改善、生活丰富，或发挥固有文明以及吸收他有之文明，其根本唯一之道路，皆非建设一适合时、地、人三者之真正'中华民国教育'不可。"即"由吾民国国民自行选定与吾辈之历史、习性、要求最相适合之教育"④。本国的教育要与本国的历史、文化、国情相适应，办教育要吸收外来文明，但也不可丧失自身特色，必须保留本国的风格与气派。周太玄还提出大学与高等专门学校应有所不同，大学是以纯粹科学为主的，高等专门学校是以应用科学为主的。两类学校对社会的贡献各不相同，不应比较高低；两类学校也不可自坏其藩篱、自紊其名实，这对于大学和高等专门学校都有影响，现在中国的高等教育要从根本上、实际上入手改革。⑤ 周太玄用研究科学与运用科学来区分大学与高等专门学校的功能，提出二者在社会上均不可缺少，这种思想对于当今教育的发展与改革仍具有借鉴价值。

（三）教科书对于学校教育的重要性

余家菊认为教科书对于教育非常重要，但现今的教科书有诸多破绽，提出

---

① 苏甲荣：《今后的文化运动——教育扩张》，《少年中国》，1920 年第 2 卷第 5 期，第 22 页。
② 张梦九：《中华民族独立与国民大学》，《少年中国》，1924 年第 4 卷第 11 期，第 4 页。
③ 杨效春：《学生与社会——有觉于今日的学校教育而发》，《少年中国》，1924 年第 4 卷第 10 期，第 4 页。
④ 周太玄：《我国教育之集中，统一与独立》，《少年中国》，1924 年第 4 卷第 9 期，第 1 页。
⑤ 周太玄：《中国高等教育的充实问题》，《少年中国》，1923 年第 4 卷第 4 期，第 4~8 页。

"教科书革命"，应打破现行教科书的势力且用新教科书来代替。[①] 李儒勉提出促进小学教育，要加强儿童用书的研究："小学教育不发达中国前途又有几多希望那末儿童用书的研究，怎能说不是急不容缓的事体？"[②] 在学校教育中，包括教科书在内的学生用书意义重大，这类书籍与学生直接相连，与学生相伴的时间超越教师和学校。余家菊等从教育的表象问题联系到教科书的使用，其视域在当时是独特的，思考是合理的，只是没有将这一问题进一步延伸，但已经给我们提出了一个值得思考的问题，即应该科学使用以教科书为主的学生用书体系，这个体系将为学生塑造一个知识世界。

少年中国学会看到中国社会的危险局势不能任由教育延续旧式传统一成不变地发展，教育应为社会问题的根本解决提供力量。少年中国学会对于教育问题的关注和探讨，既学习、吸收、提炼了外来的国家主义教育思想，也联系了当时的教育实际，提出了在当时具体形势之下适应国家需要的教育的重要任务是救国。

第四节　少年中国学会与家庭问题

五四时期，改造旧社会的呼声越来越高，封建旧家庭是旧社会的主要组成部分，对封建旧家庭的批判与改革也是少年中国学会的主要论点。"我们研究社会问题，就不能不研究家庭问题。因为家庭是社会的缩影，并且在家庭里可以看出许多社会原理。"[③] 少年中国学会在讨论妇女解放和教育改革问题时，就已经深深感到必须先脱离封建旧家庭的束缚，"社会的恶、没有不是来源于恶家庭的"[④]。"女子无生活独立的能力，新旧监狱是一样的。"[⑤] 少年中国学会对于封建旧家庭的批判，体现了一个基本主张：家庭的良善是与个人的发展、社会的发展紧密联系在一起的。人们对脱离旧家庭的渴望实际上反映了脱离旧社会的渴望。与对妇女问题、教育问题的探讨相同的是，少年中国学会对家庭问题的探讨，也侧重于妇女的解放问题，但不同之处在于，看到了封建旧家庭对个人的影响实际上是不分男女的。

---

① 余家菊：《教科书革命》，《少年世界》，1920 年第 1 卷第 1 期，第 61～64 页。

② 李儒勉：《儿童用书研究会》，《少年世界》，1920 年第 1 卷第 9 期，第 11 页。

③ 张闻天：《离婚问题》，《少年世界》，1920 年第 1 卷第 8 期，第 129 页。

④ 黄蔼：《模范家庭为社会进步的中心》，《少年中国》，1919 年第 1 卷第 4 期，第 12 页。

⑤ 李淏：《我对于妇女解放的罪言》，《少年世界》，1920 年第 1 卷第 7 期，第 95 页。

一、提倡改革封建旧家庭

少年中国学会对家庭问题的关注首先表现为对婚姻问题的关注。王光祈在与他人通信中强调婚姻应该是自由的，干涉他人婚姻是侵犯他人自由，并提出："现在女子所受的痛苦极多。而婚姻不自由，亦为痛苦中极重要之一种极应首先革命。"① 陈启天还专门作了一篇文章介绍良好的婚姻家庭生活的实例。陈启天提出："我们多半觉得旧家庭不好，急于改革；却是应该怎样改革，又很难得一个切实法子。"② 因此介绍了武昌城内一个极小极新的模范家庭给大家作参考。这个被称为"小桃源"的家庭有着以下因素：自由恋爱而结婚；夫妇平等；不请用人，夫妇共同分担家务；家庭环境整洁干净；生活简朴。陈启天字里行间透露出对这种家庭的羡慕，反映出推广这种家庭生活的强烈愿望。

《少年中国》和《少年世界》中还收录了一些非少年中国学会会员讨论家庭问题的文章，这类文章与会员的观点相同，即强调封建旧家庭对妇女的压迫，主张家庭改革。如 1919 年第 1 卷第 4 期收录了黄蔼的《模范家庭为社会进步的中心》和王会吾的《中国妇女问题—圈套—解放》。黄蔼提出要同恶社会宣战就要先同恶家庭作战，认为"模范家庭为社会进步的中心"③，并提出了一系列模范家庭的要素，比如一夫一妻少数儿女、夫妇皆能经济独立。王会吾思想先进、语言犀利，提出："中国数千年的习惯说：什么'夫为妻纲'、什么'男尊女卑'、什么'将夫比天'、什么'柔顺卑弱'、什么'三从四德'……这是'做女子的天经地义'……不过是一个欺人的圈套罢了！"④ 认为男人提供给女子的金珠饰品、绮罗衣裳、美味饮食、伶俐婢仆，一半算是报酬，一半是给豢养玩物的装饰；呼吁二万万女同胞姐妹从睡梦快点警醒，挣脱社会强加于女子的圈套，指出女子的人生价值不应该被一些错误的观念所遮蔽，女子要解脱环境的羁绊、跳出万恶的圈套寻求解放，首要的就是经济的独立。1920 年的《少年中国》第 2 卷第 2 期还收录了向警予的文章，向警予提出家庭制度不完全打破，女子是终究不会解放的，并设想了女子解放的具体内容：组织研究与宣传的机关、组织婚姻自决的同盟、组织儿童公育、组织女子

---

① 王光祈：《通信》，《少年中国》，1919 年第 1 卷第 4 期，第 57 页。
② 陈启天：《一个模范家庭——小桃源》，《少年世界》，1920 年第 1 卷第 10 期，第 46 页。
③ 黄蔼：《模范家庭为社会进步的中心》，《少年中国》，1919 年第 1 卷第 4 期，第 12 页。
④ 王会吾：《中国妇女问题—圈套—解放》，《少年中国》，1919 年第 1 卷第 4 期，第 6 页。

教育经费借贷的银行、组织工读互助团、组织合作社、组织新村。向警予提出："应把中国女子的解放改造，做个出发点。如果我国女子已进解放之域，即当进而谋世界女子的解放同时为人类的大解放，此即所谓世界改造。"① 向警予强烈主张改革现有的家庭制度以寻求妇女的真正解放。1920 年《少年世界》第 1 卷第 7 期收录了《北京热烈的"家庭改革运动"》的文章，提出"我国的家庭，是坏到十二分的"，其"莫大的危害"至少有以下几点："（一）可以消灭青年的向上性；（二）破坏青年的个性；（三）灭绝青年的'人格'；（四）拘囚妇女；（五）支配社会事业。"② 正因为旧式家庭有诸多问题，所以急需改革，进而介绍了北京"家庭研究社"的成立概要，摘录了其宣言和简章，认为家庭研究社的目的是联络全国男女有觉悟的青年，对于"旧家庭"下一个痛痛快快的"总攻击"。

从少年中国学会成员的观点以及所办期刊选登的文章来看，少年中国学会坚决主张改造封建的旧式家庭，建立现代的新式家庭，他们的论述针对性强，并非只是漫无边际的空论，更展开了具体的批判和积极的新生活设想，反映出年轻人对新式美好生活的急切向往。

二、主张脱离封建旧家庭

左舜生在《时事新报》上发表《小组织的提倡》。左舜生设想的"小组织"实际上是"由少数同志组织的一种学术事业生活的一种共同集合体"，之所以提倡这种小组织，一个重要的原因就是"我们家庭的生活，是一种无意义的机械生活，是消磨志气的生活。若要打起精神做个人，便不能不与他疏远些"③。在后来与王光祈的通信中，左舜生又讲道："我感受社会的苦还比较的少，感受家庭的苦实在太多。"④"小组织"的提倡在少年中国学会中颇受重视，王光祈等人后来筹办"工读互助团"就与此有关。建立"小组织"意味着青年在身体与心智逐渐成熟后渴望脱离原生家庭走向社会，也包含着对封建旧家庭的逃离以及抗争。《少年中国》1919 年第 1 卷第 6 期中刊载了署名"A. Y. G 女士"的来信，其间叙述了她与女伴关于女子解放问题的谈话，并就相关问题求教《少年中国》的记者。同期刊登了王光祈的复信，其中说道："若要解决男

---

① 向警予：《女子解放与改造的商榷》，《少年中国》，1920 年第 2 卷第 2 期，第 37 页。
② 罗敦伟：《北京热烈的"家庭改革运动"》，《少年世界》，1920 年第 1 卷第 7 期，第 86 页。
③ 左舜生：《小组织的提倡》，《少年中国》，1919 年第 1 卷第 2 期，第 36 页。
④ 舜生：《答若愚》，《少年中国》，1919 年第 1 卷第 2 期，第 39 页。

女平等问题，须先打破'生育为女子义务'的观念。"① 并提出应组织"女子互助社"，让受不了家庭压迫的女子都可以到这个组织来生活。王光祈的"女子互助社"主张并非只是为回答问题而想出的权宜之计，而是长期思虑的问题，后来在参加因家庭压迫而自杀的李超女士的追悼会后，王就开始着手组织北京工读互助团，并在互助团中专门设立一组为女子组。应该说，少年中国学会会员不仅看到了封建旧家庭的顽固性，还号召受压迫的青年，特别是女青年勇敢走出来，并为之设计了一个新生活的模型，让脱离旧家庭的人都能有所依托。虽然，工读互助团的尝试最终没有成功，但其中包含的对封建旧家庭的批判和抗争，对新生活的提倡与尝试具有一定的积极意义。

三、批判旧家庭的教育缺陷

左舜生在《中国家庭对于子女教育的根本错误》中提出，学校的教育往往不敌家庭的积习，中国家庭应将三个根本错误同时打破，这三个错误，一是父母靠儿子养老的心理错误，二是抹杀子女人格的错误，三是歧视女子的错误；并说："单张着眼睛望了学校，绝对不设想到社会和家庭，这种教育是'半身不遂教育'，是'死教育'。"② 还对父母送女子入学只是为了解决婚姻问题提出了明确质疑。既看到了家庭教育的重要性，又对当时家庭教育的根本缺陷提出了批评。恽震在《上海女校概况》中也说道："普通父母教女儿去读书的训辞，只是说现在女孩儿不能不读书了，不读书就嫁不得如意的丈夫。"③ 恽震认为当时的家庭教育是十分局限的，是不利于妇女解放的。少年中国学会成员对于家庭教育与学校教育的脱节充满无奈，对于家庭教育中只将女子读书视为准备嫁妆的狭隘做法充满愤慨，他们的思想在当时具有明显的进步性。

少年中国学会出现于中外思潮正十分活跃地影响人们思想的时期，少年中国学会会员受到的思想震荡是多方面的，在家庭问题的探讨中，他们用接受到的先进思想与传统家庭观念相互对照也相互结合，所以既重视家庭，同时又表现出对于封建旧家庭的反感和对新生活的向往。

---

① 王光祈：《答 A．Y．G 女士》，《少年中国》，1919 年第 1 卷第 6 期，第 44 页。
② 左学训：《中国家庭对于子女教育的根本错误》，《少年中国》，1919 年第 1 卷第 1 期，第 32 页。
③ 恽震：《上海女校概况》，《少年世界》，1920 年第 1 卷第 8 期，第 91 页。

第五节　少年中国学会与农村问题

农村问题也是少年中国学会极为关注的社会问题之一。王光祈曾说道："改造中国问题，最有希望的就是中国劳动家起来解决，中国是农业国，劳动家中自以农民为最多，故我们学会提倡'新农村运动'，天真烂漫的农夫，便是我们热血青年的伴侣。"① 张闻天提出改造社会要从改造农村开始，"改造社会的第一步，绝不是空谈的广大的东西，是实在的微小的东西，由这最小的东西，扩张到最大的东西，这个东西就是农村"②。少年中国学会对农村问题的关注并非只是对下层社会的同情，而是将农村、农民视为少年中国的基础。

一、关注农村现状

余家菊以自己的所见所闻，分析了家乡"湖北黄陂县"的农村基本状况，写成长文《农村生活澈底的观察》，在文章开篇就点明："农村生活，是低层社会的生活……社会的改造，要文化运动普遍到了低层生活，才有希望。"③余家菊认为只有惠及底层社会的改造才是社会改造的全部。余家菊从农村的姓氏、人口、田产占有等方面进行阐述，已经看到"有的农村，全村的人都是无产阶级。村内的田产尽是别村富人的所有物"④。还说到农民深受经济压迫，不能安心从事农业，因此很多人选择到都市"觅生计"，从而田产一天天地流入大资本家手里，其中的危险，很应该引起人们的注意。通篇反映出的不仅是对农村、农民现实生活的感怀，更是对农村长远发展的忧虑。

王崇植自认是"种田人的子孙"，将农村问题与妇女问题结合起来，提出了农妇的问题，认为现在妇女问题所讨论的"男女同学""妇女解放""自由恋爱""家庭革命"等还不是目前最需要解决的问题，"农业社会里的女子，一个也没有，一万万多的女子还在过十世纪前的生活。这部分女子教育不发展，就是'南大''北大'都开了女禁，也有什么用处？"⑤ 通过分析农妇所遭受的苦

---

① 王光祈：《少年中国学会之精神及其进行计画》，《少年中国》，1919 年第 1 卷第 6 期，第 4 页。

② 张闻天：《农村改造发端》，《少年世界》，1920 年第 1 卷第 3 期，第 32 页。

③ 余家菊：《农村生活澈底的观察》，《少年世界》，1920 年第 1 卷第 2 期，第 25 页。

④ 余家菊：《农村生活澈底的观察》，《少年世界》，1920 年第 1 卷第 2 期，第 26 页。

⑤ 王崇植：《农妇的苦况》，《少年世界》，1920 年第 1 卷第 8 期，第 126 页。

难和压迫以及平日的辛苦劳作，呼吁人们关注农村妇女的境况，大声疾呼妇女解放不应该忽略农村妇女这个群体。王崇植提出的农村妇女问题，在《少年中国》和《少年世界》里众多论及妇女解放和农村问题的文章中是独具慧眼的。作者的分析有两点值得注意：一是基于农妇在数量上的大多数，阐明农妇解放在妇女解放中的极端重要性。当时人们谈及妇女问题时都是说"二万万女同胞"，王崇植提出农妇在当时的中国是"一万万多"，其数量的判断不一定准确，但是基于数量上所占的大多数，并因此提出重视农妇的问题，逻辑上是合理的。二是把目光聚焦于农村底层的贫苦妇女，看到了农村中最应获得解放的群体。这与当时相对较多的对于各地女校的调查来说，从理论上和实践上都提出了一个崭新的问题，拓宽了人们对于妇女问题和农村问题的认识。这在理论上和实践上都具有重要价值。王崇植的视角和观点在当时的进步性已不言而喻。

二、关注农村教育

在教育问题的论述中，少年中国学会会员关注点不同，但大多数会员关注的都是城市的教育问题，而余家菊视野宽泛，还将目光聚焦于乡村教育。余家菊认为学校在社会上应占领袖的地位，负改良社会的责任，只有全体人民都受教育，国势才可以蒸蒸日上，城市教育固然要紧，然而中国大多数的人民都在乡村，如果不注重乡村教育，大多数的人民就没有受教育的机会，并提出乡村教育与各方面都有关系，不只是乡村问题，乃是社会问题。余家菊认为女子教育本身就很不受重视，乡村中的女子教育更为困难，"这个问题不能解决，家庭改造和社会问题也不能解决"①。余家菊还提出应将现今分散的"单一学校"进行合并，办成"联合学校"，把学校设在几个村子的中心点。乡村教育问题的提出，当时在少年中国学会中没有引起较大的反响和回应，但对于农村问题和教育问题来说无疑是一个崭新的角度。

三、向往在农村开创新生活

少年中国学会成员在分析社会时，深感社会改造的必要，想要逃离现实社会，寻找一个新的生活天地。在他们的论述中，多将社会分成了城市和农村两

---

① 余家菊：《乡村教育的实际问题》，《少年中国》，1922年第3卷第6期，第32页。

部分，他们的共同点是厌恶城市，对农村充满好感，向往农村生活，虽然他们有的人也来自农村，也看到农村生活的艰辛，但仍然认为少年中国的基础是在农村，而非城市。

左舜生在《时事新报》发表《小组织的生活》后，此文又在《少年中国》转载，并引发讨论。王光祈极为赞成，称其是与万恶社会宣战而创造的"新生活"，并对开展这种新生活充满无限期待。王光祈最初设想的小组织生活就是以在农村租一个菜园子为基础，"我们奋斗的地盘不在都市，而在农村"，设想"我们园中要附设一个平民学校，附近农家子弟均可以到学校读书，不纳学费。我们还要常常到那些农家与他们诚诚恳恳的周旋……使他们大家快活呀！"① 王光祈具体描绘的在农村菜园子里的新生活受到当时流行的新村主义的影响，也受到空想社会主义者傅立叶的影响（王光祈曾写过一篇关于空想社会主义的读后感，其中说："傅立叶的社会主义是建筑在农村上面的。"②）。当时，少年中国学会会员对农村生活充满好感的不在少数，留法的少年中国学会会员提出："在城市里有权威的，只有资本，在城市里能活动的，只有资本家，而资本与资本家所倚赖凭借的，只有城市。可知城市文明，有改革的必要。"③ 他们认为："十九世纪的资本主义竞商主义，造成了城市的文明，二十世纪的劳动主义农工主义，必要实现乡村的文明了。"④ 恽代英也提出："注重将来都市大工业的运动，并不如一般'到田间去'者的思想。"⑤ 并说："我所以主张到乡里去，除了想为朋友大家谋生活的安定以外，还有个目的，是打破大家残余的虚荣心。"⑥ 这里的"虚荣心"指的应是对城市生活的某种留恋和钦慕。

四、提出知识青年应与农民相结合

1920 年《少年世界》创刊时，曾明确提出少年中国学会的第一个朋友是学生，第二个朋友是劳动家。⑦ 少年中国学会会员虽然都是知识分子，但均受过新式教育，一定程度上已经没有了旧式知识分子"万般皆下品，唯有读书

① 若愚：《与左舜生书》，《少年中国》，1919 年第 1 卷第 2 期，第 38 页。
② 王光祈：《傅立叶的理想组织》，《少年中国》，1922 年第 3 卷第 9 期，第 8 页。
③ 李思纯：《旅法的断片思想》，《少年中国》，1920 年第 2 卷第 4 期，第 76 页。
④ 李思纯：《旅法的断片思想》，《少年中国》，1920 年第 2 卷第 4 期，第 76 页。
⑤ 恽代英：《恽代英文集》（上卷），人民出版社，1984 年，第 258 页。
⑥ 恽代英：《恽代英文集》（上卷），人民出版社，1984 年，第 260 页。
⑦ 《为什么发行这本月刊》，《少年世界》，1920 年第 1 卷第 1 期，第 1 页。

高"的优越感。他们不仅对农村的新生活寄予厚望，更将与农民为友看作改造中国的重要步骤。1919 年少年中国学会成立初期，王光祈在《"少年中国"之创造》中就提出"少年中国"的少年应该过创造的社会的科学的生活，将之命名为"少年中国主义"，并说："实现'少年中国主义'的方法、简单说起来、要由我们一般青年与一般平民——劳农两届——打成一气且为一种青年的国际运动。"① 之后，他在另一篇文章中又重申"工厂农村皆须有我们青年的足迹，亦就是我们改革社会的起点"②。王光祈在与左舜生通信时又说："天真烂漫的农夫，是与我们极表示亲爱的，我们纯洁青年，与纯洁农夫打成一气，要想改造中国，是狠容易的。"③ 并强调："我们奋斗的地盘不在都市而在农村。"④ 李大钊在《"少年中国"的"少年运动"》中也提出少年中国的少年好友"不该常常漂泊在这都市上，在工作社会以外作一种文化的游民；应该投身到山林里村落里去，在那绿野烟雨中，一锄一犁的作那些辛苦劳农的伴侣。"认为"不劳而食的智识阶级，应该与那些资本家一样受排斥的"。⑤

少年中国学会对农村和农民抱有好感，除了受到外来进步思想的影响和对现实城市生活的反思，还有一个重要的原因在于认识到农民是劳动者中的大多数。"我们中国的少年，要改造'少年中国'，只有与农民打成一气。因为农民是劳动界的大多数。"⑥ "大多数"这个依据的提出极为重要，表明价值判断的出发点并非抽象的理论而是实际的情况，是基于现实而做出的选择。

少年中国学会对于实际问题的资料收集、研究探讨以及批判反思，反映出那一时期知识分子已经真正走进现实生活，并不是只会沉浸在无声书籍营造的封闭空间中的迂腐读书人。在对实际问题不断探索的过程中，少年中国学会的知识分子表现出的不仅是对现实的不满，更有改造现实的设想，他们对未来的追寻充满信心。虽然少年中国学会最终没有选择马克思主义作为社团的"主义"，他们也没有将对实际问题的思考结果直接推向马克思主义，但是这些对于中国实际的探索并非毫无意义，是推进马克思主义中国化进程的积极因素，为马克思主义顺利走向中国实际奠定了基础。

---

① 王光祈：《"少年中国"之创造》，《少年中国》，1919 年第 1 卷第 2 期，第 6 页。
② 王光祈：《少年中国学会之精神及其进行计划》，《少年中国》，1919 年第 1 卷第 6 期，第 6 页。
③ 若愚：《与左舜生书》，《少年中国》，1919 年第 1 卷第 2 期，第 39 页。
④ 若愚：《与左舜生书》，《少年中国》，1919 年第 1 卷第 2 期，第 39 页。
⑤ 中国李大钊研究会：《李大钊全集》（第三卷），人民出版社，2013 年，第 67~68 页。
⑥ 若愚：《致夏汝诚先生书》，《少年中国》，1919 年第 1 卷第 2 期，第 45 页。

第五章　少年中国学会对马克思主义中国化的贡献

　　在马克思主义中国化的主体系统中，组织主体是重要的组成部分。少年中国学会是一个组织，能否认定其为马克思主义中国化的主体？要回答的是少年中国学会是否推动了或有利于推动马克思主义与中国实际的结合。从组织层面来说，少年中国学会没有选定马克思主义作为学会的信仰，没有进行有意识的马克思主义传播活动，很难认定为一个马克思主义性质的社团，因而即使对中国实际进行了研究，但也没有直接促成马克思主义与中国实际的结合，但这并不表示少年中国学会对于马克思主义中国化历史进程没有任何积极作用。少年中国学会在存续的时间里，广大成员参与讨论马克思主义，探讨中国实际问题，在反复的思想互动与交锋中，从不同侧面为马克思主义和中国实际的结合起到了推动作用，在马克思主义中国化历史进程中留下了不可忽视的身影。

第一节　少年中国学会为马克思主义中国化主体的生成提供条件

　　马克思主义者与马克思主义中国化主体（以下简称中国化主体）并非完全等同的概念，前者强调对马克思主义的信仰与坚守，后者强调推动理论与实际结合的作用与贡献，二者虽有交叉和联系，但也有区别。二者不能相互替代，如果区分不清，将二者作为等同或平行概念，容易模糊、割裂和遮蔽二者之间内在的本质联系，使二者的提法都丧失其应有意蕴。马克思主义者不一定是中国化主体，因为中国之外也有马克思主义者，但他们并非都是中国化主体。少年中国学会内部的思想互动为一些社团成员成长为中国化主体提供了一定的积极条件。

一、社团思想为马克思主义中国化主体的生成奠定基础

少年中国学会是青年知识分子自发组织的社团，"青年"是他们的基本身份，也是他们思考问题的基本出发点，在他们各种或感性或理性的表达中，既呈现出青年的苦闷与困惑，也包含对责任与出路的辛苦探索。在少年中国学会之中，有一个倾向是明显的，就是将青年的出路与国家民族的命运紧紧联系在一起，以此为核心的社团思想，为成员发展为马克思主义中国化主体奠定了基础。

少年中国学会认为要改造现实的旧社会，就要创造少年中国，青年是创造少年中国的生力军。王光祈在《本会发起之旨趣及其经过情形》中明确说明："故少年中国学会者，中华民国青年活动之团体也。"① 认为青年是创造少年中国之唯一良友，并一再强调"我们是中国的青年，我们对于中国这个地方负有改造的完全责任"②。在德国留学期间，王光祈又作了《德意志青年运动》以供中国青年参考，并认为"其尤令人神往者，更推自由德意志青年运动，超乎一切政治宗教潮流之外，专以追求人生真义为归宿，此则为吾国有志青年之所极应提倡者也"③。曾琦著有《国体与青年》，认为"三十岁以下的人，才有拥护国体的责任与希望"④。宗之櫆说："这少年中国的肉体已经有了，就是这数千年老中国的病躯残骸，我们现在只要创造一种新生命、新精神，输入这老中国病体里去起死回生。"⑤ 恽代英在《读〈国家主义的教育〉》中写道："上月苏州会议，居然以列席者不约而同之心理，规定'求中华民族独立，到青年中间去'之标语，为学会活动之准则。我私衷窃喜，以为如此方是学会认定了他对于中国所负的使命。"⑥

少年中国学会对于青年问题的重视，对于青年之于国家民族应承担的责任之重视，并非为说教他人，而是以此自勉，他们清醒地认识到要创造少年中

---

① 张允侯、殷叙彝、洪清祥、王云开：《五四时期的社团》（一），生活·读书·新知三联书店，1979年，第220页。

② 张允侯、殷叙彝、洪清祥、王云开：《五四时期的社团》（一），生活·读书·新知三联书店，1979年，第317页。

③ 王光祈：《德意志青年运动》，《少年中国》，1923年第4卷第5期，第25页。

④ 中国李大钊研究会：《李大钊全集》（第二卷），人民出版社，2013年，第373页。

⑤ 宗之櫆：《中国青年的奋斗生活与创造生活》，《少年中国》，1919年第1卷第5期，第10～11页。

⑥ 恽代英：《读〈国家主义的教育〉》，《少年中国》，1924年第4卷第9期，第1页。

国，青年自身的彻底觉悟是首要任务，他们的清醒是他们能突破自我得失、以民族大局为重的基础。郑伯奇说："少年中国如何诞生，固然不免于革命；但是将来可以造成少年中国的革命，其动力不在现在的军阀和政党，不在现在半老垂死的人，也不在病毒满身的青年。有人问我少年中国从什么诞生？我敢答从没有受少年中国病毒的，就是真正的少年中国人诞生。"① 宗之櫆在关于《少年中国》的编辑方针的建议中说："我们要鼓吹青年的自觉，首先自然要我们自己的彻底觉悟。我们对于一种事体、一种现象、一种主义、一种学理，还没有彻底的了解觉悟，就不应当拿出来鼓吹青年。"② 余家菊也提出："做事的价值比学问还大。做事自然产生学问；学问也要用做事作基础。救中国青年的良药是做事，是从做事内求学，从做事内思想。"③ 李大钊提出："真正的解放，不是央求人家'网开三面'，把我们解放出来，是要靠自己的力量，抗拒冲决，使他们不得不任我们自己解放自己。"④ 虽然青年运动有时会遭遇挫折，但是青年不懈的努力、在"无路的地方寻路"⑤ 的精神最值得推崇。

少年中国学会将青年的责任与改造旧社会创造少年中国紧紧联系在一起，并认识到青年自身的觉悟和解放是改造社会的前提，这些内容并不只是他们动员和号召他人的说辞，而是对身为青年的自己的要求与期望，是自我奋斗的原动力。正因为少年中国学会中充满这些为国为民的进步思想，后来才会出现众多会员踊跃投身新民主主义革命或社会主义国家建设，积极参与马克思主义中国化社会实践，成为中国化主体的良好局面。

二、思想互动为会员选择马克思主义提供条件

少年中国学会成立之初，对会员的信仰、主义并无明确规定，但分歧并未就此掩盖，1921年少年中国学会的南京年会上，就爆发了关于"主义"问题的激烈争论，此后，学会内部关于"主义"的争论不断。各种争论对于身处其中的参与者来说，是一个澄清认识、选定主义的时机。少年中国学会内部的思

---

① 张允侯、殷叙彝、洪清祥、王云开：《五四时期的社团》（一），生活·读书·新知三联书店，1979年，第378页。
② 张允侯、殷叙彝、洪清祥、王云开：《五四时期的社团》（一），生活·读书·新知三联书店，1979年，第251页。
③ 余家菊：《会员通信》，《少年中国》，1919年第1卷第6期，第60页。
④ 中国李大钊研究会：《李大钊全集》（第二卷），人民出版社，2013年，第492页。
⑤ 中国李大钊研究会：《李大钊全集》（第三卷），人民出版社，2013年，第223页。

想互动，促进了会员思想进一步走向成熟，一部分会员也在这些互动中坚定选择了马克思主义，并成为马克思主义中国化的开路者。李大钊、恽代英就是代表。

1918 年 7 月，从日本留学回国在北京大学担任图书馆主任的李大钊经其他发起人邀请成为少年中国学会发起人。李大钊与少年中国学会成员私交较好。1918 年底，李大钊与曾琦通信，为其书《国体与青年》作跋，李大钊对曾琦的某些观点表示认同，"我想这个问题，慕韩已竟说得淋漓尽致，本无可说的了"①。1919 年李大钊在五峰山时期还写信给王光祈和曾琦，邀请他们前来游玩。② 王光祈发起北京工读互助团之后，李大钊等人发起了募捐启示，③对于这种将教育与职业结合的做法表示支持。后来工读互助团失败，李大钊也进行了思考，提出工读互助团失败的原因在于选错了地点，"在都市上的工读团，取共同生产的组织，是我们根本的错误"④，认为应该到乡下去，从农业劳动入手进行工读互助运动。

在一些具体问题的思考中，少年中国学会对李大钊思想的发展和成熟起到了积极的促进作用。青年问题是李大钊长期关注的重要问题。1916 年李大钊作《青春》《〈晨钟〉之使命》时将理想中华称为"青春中华"，提出青年应当"以青春中华之创造为唯一之使命"。⑤ 1917 年，李大钊在《青年与老人》中又提出，现代社会青年与老人应该"协力""调和"，共同负担起"再造国家民族之责任"。⑥ 后来又提出青年学生对于国家命运走向发挥着极为重要的作用，"中国之革命，则全酝酿于学生之运动"⑦。与少年中国学会其他成员的思想互动促使李大钊对青年问题的思考进一步深化。1918 年李大钊为曾琦的著作写"跋"，再次思考和论及青年问题，写道："我们神圣的青年，应该知道今日的Democracy，不仅是一个国家的组织，乃是世界的组织。"⑧ 1919 年 2 月，李大钊在《青年与农村》中又说知识分子应与劳工阶级打成一气，青年应到农村去，做开发农村的事，并说："我甚望我们中国的青年，认清这个道理。"⑨

①　中国李大钊研究会：《李大钊全集》（第二卷），人民出版社，2013 年，第 372 页。
②　中国李大钊研究会：《李大钊全集》（第五卷），人民出版社，2013 年，第 388 页。
③　中国李大钊研究会：《李大钊全集》（第五卷），人民出版社，2013 年，第 473 页。
④　中国李大钊研究会：《李大钊全集》（第三卷），人民出版社，2013 年，第 226 页。
⑤　中国李大钊研究会：《李大钊全集》（第一卷），人民出版社，2013 年，第 333 页。
⑥　中国李大钊研究会：《李大钊全集》（第二卷），人民出版社，2013 年，第 46 页。
⑦　中国李大钊研究会：《李大钊全集》（第二卷），人民出版社，2013 年，第 122 页。
⑧　中国李大钊研究会：《李大钊全集》（第二卷），人民出版社，2013 年，第 372 页。
⑨　中国李大钊研究会：《李大钊全集》（第二卷），人民出版社，2013 年，第 422 页。

指出了青年活动的根本道路。1919 年 3 月，李大钊进一步提出现代青年活动的根本方向，即应在寂寞的方面，而不是专在热闹的方面活动，应在痛苦的方面，而不是专在欢乐的方面活动，应在黑暗的方面，而不是专在光明的方面活动，号召青年艰苦奋斗努力去做"人的活动"。① 加入少年中国学会之后，李大钊在评价青年学生自杀问题时，又连续写了几篇文章进行分析，指出了青年自杀问题表象背后的"社会制度的缺陷"②，同时提出："我不愿青年为旧生活的逃避者，而愿青年为旧生活的反抗者！不愿青年为新生活的绝灭者，而愿青年为新生活的创造者！"③ 明确将青年放在国家、社会的大环境中分析，清楚指明了青年的出路在于为国家、民族谋出路。1922 年因不能参加学会的杭州年会，李大钊在北京少年中国学会会员同人提案中写道："少年中国学会是知识阶级的团体。知识阶级在中国，只有三条道路：第一是替治者阶级的丑行做知识上的盾牌，替治者阶级用深渊的学识解释、辩护它们的一切罪恶。第二是不干涉政治，任军阀残暴而不敢抵御，自己却以'到民间去'安慰自己，间接延长军阀统治的寿命。第三是引导少数觉悟的民众在各种事业中与军阀代表的黑暗势力奋斗，唤醒国人的同情。朋友们，你们创造少年中国到底走哪一条路呢？"④ 进一步为青年知识分子具体的奋斗指明方向。

在少年中国学会之中，李大钊积极参与学会的各项工作，积极思考与学会有关的各种问题。李大钊最初提出通过少年运动创造少年中国，少年运动应有两个方面：精神改造和物质改造。⑤ 1920 年 8 月，在少年中国学会成立一周年之际，李大钊在少年中国学会的茶话会上提出少年中国学会最初创立"原系研究学问团体，思想须极自由，主义自不一致；惟两年以来，世界思潮既有显然之倾向"⑥，因而少年中国学会也应有鲜明旗帜，并努力尝试将社团引向马克思主义的方向。此后的多次社团活动中，李大钊等人一直力推将社会主义、马克思主义作为社团的主义，即使受到某些会员的质疑时，始终坚守这一立场。社团内部的种种论争并没有动摇李大钊的选择，而是牢固了他的选择。李大钊并非在加入少年中国学会后才倾向马克思主义的，少年中国学会还在筹办之际，1918 年 7 月李大钊就作《法俄革命之比较观》，11 月作《庶民的胜

---

① 中国李大钊研究会：《李大钊全集》（第二卷），人民出版社，2013 年，第 437 页。
② 中国李大钊研究会：《李大钊全集》（第三卷），人民出版社，2013 年，第 120 页。
③ 中国李大钊研究会：《李大钊全集》（第三卷），人民出版社，2013 年，第 160 页。
④ 中国李大钊研究会：《李大钊全集》（第五卷），人民出版社，2013 年，第 516 页。
⑤ 中国李大钊研究会：《李大钊全集》（第三卷），人民出版社，2013 年，第 67 页。
⑥ 中国李大钊研究会：《李大钊全集》（第三卷），人民出版社，2013 年，第 267 页。

利》，12 月又作《Bolshevism 的胜利》，其马克思主义倾向已经很明显了。但是，李大钊作《我的马克思主义观》以及参与"问题与主义"之争，指出："一个社会主义者，为使他的主义在世界上发生一些影响，必须要研究怎么可以把他的理想尽量应用于环绕着他的实境。"① 这些在马克思主义中国化史上具有重要意义的文章或话语，从时间点上来看，都是李大钊在加入少年中国学会之后、在少年中国学会各方面工作开展非常活跃的时期提出的。当时学会初立，召开成立大会、制定宗旨规约、创办月刊……各项工作蓬勃展开，李大钊身处其中不可能不受影响。应该说，少年中国学会内部的思想互动对于李大钊思想的发展不无影响。

少年中国学会对于恽代英的影响也颇大。1919 年 9 月恽代英给王光祈的信中就表示对学会的规约、信条非常赞同，并且主张身体力行，提出要救国不能倚靠旧势力而要形成新的善势力。② 加入学会后，恽代英与其他会员通信往来、交流思想、探讨问题，甚至展开争论，在这一过程中锻炼思维、发展思想。1920 年会员杨效春在《学灯》上发表文章，反对儿童公育，对此恽代英作《驳杨效春君"非儿童公育"》与之辩论，提出儿童公育"是恃人类的彻底解放，是恃人类对于社会的自觉；不恃人类为学说的奴隶"③。北京工读互助团失败后，王光祈认为是"人的问题"，恽代英表示不同意，认为不仅有人的问题，还有创办过程中的方法和步骤问题，"但所以集合这样些人的，自然要怪发起时办理步骤的不合"④。并批评了王光祈虽发起这件事，但自己不加入也不让自己朋友加入的不当做法。恽代英对少年中国学会的各项事务都极为热心，对学会期刊出版、招募会员、会员联络等问题积极建言，提出大家应将活动的"目标与方法"交换意见，以便更好地改造社会。⑤ 1920 年 7 月至 9 月，恽代英又作长文论述"怎样创造少年中国"，详细分析了少年中国的创造问题、修养问题、学术研究问题、个人生活问题。⑥ 并提出大家如果主义不同，意见不同，力量容易分散，主张要有共同的主义。1920 年底，恽代英在与同是少年中国学会会员的刘仁静通信时，就乡村教育、乡村企业等问题进行了讨

---

①　中国李大钊研究会：《李大钊全集》（第三卷），人民出版社，2013 年，第 51 页。
②　恽代英：《恽代英文集》（上卷），人民出版社，1984 年，第 106～107 页。
③　恽代英：《恽代英文集》（上卷），人民出版社，1984 年，第 137 页。
④　恽代英：《恽代英文集》（上卷），人民出版社，1984 年，第 311 页。
⑤　恽代英：《恽代英文集》（上卷），人民出版社，1984 年，第 142 页。
⑥　恽代英：《恽代英文集》（上卷），人民出版社，1984 年，第 160～223 页。

论。① 1921 年 2 月，针对少年中国学会"有宗教信仰者不得入会"的议案争论，恽代英又对宗教问题进行了思考，写了《我的宗教观》。② 1922 年 6 月，恽代英在《为少年中国学会同人进一解》中，对于是否加入旧社会事业、社会联合等问题又进行了探讨。③ 恽代英在少年中国学会之中与其他会员积极互动，对许多问题展开深入思考，留下大量文字资料，这些都足以说明少年中国学会对于其思想的发展具有不可忽视的作用。

在少年中国学会之中，恽代英的思想发生着从安那其主义（即无政府主义）到马克思主义的重要转变。1919 年恽代英在给王光祈的信中说相信安那其主义已经有几年了，恽代英将安那其主义看作社会主义的一种，认为社会主义"高到安那其、布尔塞维克，低到安福系、王揖唐所称道，都有些可以合于通行所谓社会主义的意义"④。此时，恽代英关注的重点还是社会主义思潮中的安那其主义。1920 年 4 月少年中国学会要刊行《少年中国学会丛书》，恽代英负责其中的"通信事务"，对此恽代英认为所刊行书籍应该"在社会上所生功效"，认为应该先由会员整理出自己所希望看到的书，然后再讨论商定刊行的书目，恽代英列出了自己盼望看的书的清单，排在第一位的是"马克司及其学说"。⑤ 马克思主义此时已经成为恽代英最关注的内容。1920 年 11 月，恽代英发表《论社会主义》一文，全面表达了对社会主义的认识，指出"谈社会主义是应该"⑥，已表现出对社会主义的明显倾向。1921 年 11 月，恽代英在与少年中国学会成员杨钟健通信中说，"我私意近来并很望学会为波歇维氏［布尔塞维氏］的团体，这是年会后思想的大改变"⑦，清楚表明已经从之前的安那其主义转向了马克思主义。

在少年中国学会存在时期，一部分会员坚定地选择了马克思主义，就如上文提到的李大钊、恽代英等人，他们首先推动了这一理论与中国实际的结合，是中国化的最初主体。也有一部分会员虽然在少年中国学会存在时期没有选择马克思主义，但后来走向马克思主义，积极投身马克思主义中国化的社会实践，比如田汉，他们也属于中国化的主体。还有一部分会员虽然在后期的发展

① 恽代英：《恽代英文集》（上卷），人民出版社，1984 年，第 257~263 页。
② 恽代英：《恽代英文集》（上卷），人民出版社，1984 年，第 264~284 页。
③ 恽代英：《恽代英文集》（上卷），人民出版社，1984 年，第 326~334 页。
④ 恽代英：《恽代英文集》（上卷），人民出版社，1984 年，第 249 页。
⑤ 恽代英：《恽代英文集》（上卷），人民出版社，1984 年，第 140 页。
⑥ 恽代英：《恽代英文集》（上卷），人民出版社，1984 年，第 256 页。
⑦ 恽代英：《恽代英文集》（上卷），人民出版社，1984 年，第 322 页。

中也并未将马克思主义视为信仰，但同样积极投身社会主义中国的建设实践，比如刘国钧等，他们也应被视为中国化主体。

少年中国学会为青年知识分子提供了交流思想的平台，成员间的交流，哪怕是激烈的争论都会对直接参与者产生深刻影响，在其思想发展中留下印记。少年中国学会心怀天下、忧国忧民、伤时感事的组织特色，使其在成为会员交流思想平台的同时也引导着这些会员总体上具有强烈的家国情怀和社会责任感，对于会员的思想发展、道路选择都产生一定积极影响，这对于他们中的大多数人最终成长为马克思主义中国化主体发挥着不可忽视的积极作用。

第二节　少年中国学会为马克思主义著作成为中国经典提供帮助

今天人们在讨论马克思主义经典著作时，往往直接将这些著作作为经典谈起，将这些著作的经典地位视为不必探究的当然前提，实际上其在中国的经典地位的形成有一个过程。

创始人的重要著作是马克思主义的主要载体，著作产生于特定的实践背景和人文环境，其现实价值和意义不仅有赖于原著版本自身的深邃思想和理论意蕴，也有赖于接受者在现实环境中发现的新意，原意与新意的相互映衬方使特定历史中形成的著作在发展变动的时代和环境里仍具有蓬勃生命力。因此，对于著作价值的研究，不仅要从作者或文本角度探索其原意，也应挖掘接受者面对著作时的各种具体意识。尊重著作、尊重作者与强调接受者的主观能动性并不矛盾，马克思主义创始人也曾不止一次地强调不能把理论当作教条，也一再强调任何理论都有其产生的时代，还一再强调人的具体性、现实性、能动性。长期以来著作研究的趣旨主要集中于文本与作者，不管是整体之论还是深入著作内部机理的探析，都以获取或掌握著作原意为主要目的。如果接受者之间产生意见冲突或争论，最具权威的评判者无疑是作者和原本，在这一过程中，接受者的自主性思想虽没有被完全忽略，但基本不被重视。原意固然重要，但接受者从著作中看到了什么、重视什么、忽略什么，这些具体意识也同样重要。并且，接受者在具体环境中对著作由浅入深的把握以及结合实际的创造性阐释等在接受过程中的各种思想活动，也是接受者的主体能动性的充分体现，而这些才是著作能被后人奉为经典的关键所在。马克思主义创始人的著作是历史性文本，其来到中国既跨越了语境，又穿越了时空，著作在时空转换后的价值需要通过中国接受者来体现。马克思主义中国化的推进需要中国人在中国现实环境中与马克思主义双向互动，互动中主体自主性与创造性的发挥，同时也是理论著作的价值被认知、地位不断得以确立的过程。

一、对马克思主义著作的摘引有利于这些著作成为中国经典

少年中国学会关于马克思主义的讨论，其中很大一部分内容就是对马克思主义著作的名称认识、意见和评价，种种具体思想体现了会员在现实中理解原意、思考新意。在马克思主义著作还没有充分走入大众视野的时期，少年中国学会对这些著作的讨论推动了这些著作被更广泛的人群所熟悉，为这些著作从外来学说转变为中国经典起到了积极作用。

少年中国学成员的文章多有对马克思主义著作的摘引。各种或长或短的、标明了著作各种的摘引，一定程度上就是对这些著作的宣传。1919 年 7 月，李大钊在《阶级竞争与互助》中摘引了马克思《共产党宣言》的内容。[1] 1919 年 9 月，李大钊又在《我的马克思主义观》中解析"唯物史观"时，摘引了《共产党宣言》《哲学的贫困》《〈经济学批判〉序文》的内容。在分析马克思的"经济论"时又大段落摘引了《资本论》的相关内容。[2] 1920 年李大钊在关于唯物史观的讨论中再次借助《共产党宣言》的内容来阐释相关问题。[3] 除李大钊外，康白情在撰文论述"团结的价值"时也大段落摘引了《共产党宣言》的内容。[4] 刘英士在《世界工人总会宣言》译文前的按语中也摘引了《共产党宣言》的内容。[5]

除《共产党宣言》外，《资本论》和《哲学的贫困》也经常被摘引。李璜在《社会主义与社会》中论述社会的生产情形时就摘引了《资本论》的内容。[6] 他在《社会主义与宗教》中论述宗教问题时，又摘引了《哲学与贫困》的内容。[7] 少年中国学会对马克思主义著作的摘引，原意是展示著作内容以辅

---

① 中国李大钊研究会：《李大钊全集》（第二卷），人民出版社，2013 年，第 480～484 页。
② 中国李大钊研究会：《李大钊全集》（第三卷），人民出版社，2013 年，第 1～48 页。
③ 中国李大钊研究会：《李大钊全集》（第三卷），人民出版社，2013 年，第 274～281 页。
④ 康白情：《团结论》，《少年中国》，1922 年第 3 卷第 9 期，第 1～8 页。
⑤ 刘英士译：《世界产业工人总会宣言》，《少年中国》，1922 年第 3 卷第 10 期，第 36～43 页。
⑥ 李璜：《社会主义与社会》，《少年中国》，1922 年第 3 卷第 10 期，第 1～5 页。
⑦ 李璜：《社会主义与宗教》，《少年中国》，1921 年第 3 卷第 1 期，第 46～55 页。

助自己的论述，但同时也是对这些著作及其内容的重点介绍。这促成了这些著作和其中的部分内容优先被更多的人所了解，扩大了这些著作的知名度。

二、对马克思主义著作的翻译有利于这些著作成为中国经典

1919 年恽代英在《东方杂志》上连载了恩格斯的《家庭、私有制和国家的起源》的译文，所用译名为《英哲尔士论家庭的起原》，这是少年中国学会成员对马克思主义著作的直接翻译。这不同于当时比较多见的对马克思主义著作的间接翻译，即因为翻译其他著作而翻译到马克思主义著作的翻译形式，比如幸德秋水的《社会主义神髓》、村井之至的《社会主义》，这些著作中都包含马克思主义著作的内容，人们在翻译这些著作时自然会翻译到其中所涉及的马克思主义。严格说来，间接翻译并非对马克思主义本身感兴趣，并且间接翻译的内容是经原作者筛选过的马克思主义的"片段"。正因如此，恽代英对恩格斯的《家庭、私有制和国家的起源》的直接翻译，在当时具有特别的意义，反映出对马克思主义本身的关注，也有利于更好地传播马克思主义。还需要指出的是，在 20 世纪 20 年代前，恩格斯的著作被直接翻译的并不多见，恩格斯在马克思主义中的理论地位还没有被充分认识，恽代英的翻译无疑为人们进一步了解马克思主义、了解恩格斯提供了条件，也有利于人们较好地认识这部著作。

在少年中国学会成员中，对马克思主义著作提及最多、论述最充分的当属李大钊，他在多篇文章中对《共产党宣言》《资本论》等著作都进行了摘引和分析，并且对马克思主义的态度非常明确：认同与选择。他的文章不仅表达了自己的态度和观点，还应该被认为已经在进行有意识的理论传播。除李大钊以外，少年中国学会的其他会员也经常论及马克思主义著作，虽然他们的关注点不同，态度也有差异，但是，他们对马克思主义著作的摘引、翻译、谈论或评价一定程度上推动了这些著作的传播，为更大范围的人们进一步了解或认同这些著作提供了有利条件。

总体说来，少年中国学会会员翻译或摘引的马克思主义著作主要有《共产党宣言》《资本论》《哲学的贫困》《〈政治经济学批判〉序言》《家庭、私有制和国家的起源》，其中论及最多的是《共产党宣言》。而且他们在论及这些著作时，著作名称基本统一，对著作基本持肯定态度。这些著作的名称和内容反复出现在少年中国学会成员的文章中，表明他们对这些著作的重视，一定程度上

也会促进他人进一步聚焦这些著作和内容，为这些著作被更广泛地关注和研究提供了条件。这些著作正是在不断被中国人提及、讨论中为大家熟悉、认可，从而奠定它们在中国的经典地位。

第三节　少年中国学会宣传了马克思主义经典作家的正面形象

近代中国强邻如虎、国步多艰，对马克思主义的选择是突破困境、实现理想中华的关键抉择。选择马克思主义是各种趋势的合力，具体过程复杂而曲折，从国人知晓这一理论到选择其作为改造社会的思想武器，其间有许多环节值得注意。其中，国人对马克思主义经典作家的认识与定位对马克思主义的选择有着密切的关系。"从某种意义上讲，马克思主义在中国的早期传播是从传播人物传记开始的。"① 理论家与其创立的理论既不能等同但又具有无法割裂的亲缘性，正基于此，人们对理论家的认识可以成为认识理论的一条途径。

19世纪末20世纪早期，当时很多知识分子都认为马克思主义"深玄难通"，李大钊在《我的马克思主义观》中开篇也是借一个德国人的话说马克思的书"学理深晦"。如此艰深的理论要被人们掌握，并达到"说服人"的功效，其难度可想而知。相比而言，经典作家的生平却是大多数人都能理解和看懂的。正因如此，关注经典作家生平的人不在少数，对生平的种种描述和评论，逐渐树立起马克思主义经典作家的个人形象，正面的理论家形象有利于促进人们对理论的关注与认可。少年中国学会对于马克思、恩格斯、列宁三人都有一定的评论，马克思的最多，列宁次之，恩格斯的最少。总体说来，少年中国学会对三人的评论基本都是正面的，宣传了他们的正面形象，这对于推动大众对马克思主义的认同和选择以及推动这一理论走向中国实际都具有不可忽视的积极作用。

一、宣传了马克思的正面形象

20世纪早期，人们对于马克思的生平已经有所关注。1903年广益书局出

---

① 田子渝：《马克思主义在中国早期传播人物研究巡礼》，《决策与信息》，2019年第2期，第19页。

版《近世社会主义》，其中专门有"加陆马陆科斯及其主义"一章，首先介绍
的就是马克思的"履历"。[1] 1906 年朱执信作《德意志社会革命家小传》，排在
第一位的是"马尔克 Marc"，最先介绍的也是马克思的生平。[2] 1912 年，
煮尘"重治"了此文，还特意将马克思的"传略"单独列出。[3] 1920 年《星期
评论》上刊登戴季陶翻译的《马克思传》，其中包括大篇幅的马克思生平。[4]
对于理论家，先写生平再写思想，这符合人们阐述的习惯。由此可见，当时人
们对马克思生平的了解并不匮乏。通过当时内容各异、长短不一的生平介绍，
马克思的出生、求学、父母、妻子、子女、流亡等各种信息逐渐丰富，即使有
时各种报刊的信息并不完全准确，有些还不一致，但当时的人们已从不同的角
度宣传了马克思的不同形象。主要有以下几个：

第一，马克思的工人领袖形象。19 世纪末，马克思就以工人领袖的身份
在中国出场。1899 年《万国公报》中《大同学第一章今世景象》中说贫富分
化的现实使工人联合起来"停工多日挟制富室"，进而讲到马克思，说他是
"以百工领袖著名者"。[5] 此文译自英国作家的《社会进化》，由英国传教士李
提摩太翻译，中国人蔡尔康撰述。1903 年马君武把马克思和拉萨尔、普鲁东
等人统称为"社会党人"，并说："打破今日资本家与劳动者之阶级，举社会皆
变为共和资本、共和营业，以造一切平等之域，此社会党人所公信也。"[6] 已
然将马克思置于劳动阶级的代言人地位。1906 年《民报》中一篇文章写道：
"一八六四年万国劳动者同盟，设立于伦敦，马尔克 Moic 为其首魁。"[7] 简短
的一句话已指出了马克思与万国劳动者同盟的关系。1911 年天津出版《维新
人物考》，将马克思列入其中，并写道："马格斯，德国社会学家及法学家也。
法国千八百四十八年革命，马氏与闻其事后之伦敦，从事著述，千八百六十四
年，立万国工人会，其最著之著作则为产业。"[8] 这里点明了马克思与万国工
人会的关系，无疑肯定马克思的"维新"与工人阶级紧密联系在一起。1920

---

① 林代昭、潘国华：《马克思主义在中国——从影响的传入到传播》（上册），清华大学出版社，
1983 年，第 98 页。

② 势伸：《德意志社会革命家小传》，《民报》，1906 年第 2 期，第 1~17 页。

③ 煮尘：《社会主义大家马儿克之学说》，《新世界》，1912 年第 2 期，第 1~16 页。

④ 季陶：《马克斯传》，《星期评论》，1920 年第 31 期，新年号第 2 张（页）。

⑤ 李提摩太译，蔡尔康撰文：《大同学第一章今世景象》，《万国公报》，1899 第 121 期，第 13
页。

⑥ 君武：《社会主义与进化论比较》，《译书汇编》，1903 年第 2 卷第 11 期，第 87 页。

⑦ 梦蝶生：《无政府党与革命党之说明》，《民报》，1906 年第 7 期，第 18 页。

⑧ 树清：《天津最早介绍马克思的书——〈维新人物考〉》，《图书馆工作与研究》，1983 年第 1
期，第 53 页。

年《东方杂志》第 9 期直接在马克思的照片下注明"劳动运动之鼻祖马克斯
(Karl Marx 1818—1883)"①。1920 年林云陔在《近代社会主义进行之动机》
中说:"夫以社会主义思想,由工人行动以演进,马克斯可谓有大力左右于其
间……马克斯能将以往与现在状况解释之,以揭破将来之阶级争斗,由已往以
察将来,因世界之进步、工业状况之变迁,知现受压迫人等,必起而占最后之
胜利。"② 同样将马克思视为受压迫的工人阶级摆脱压迫的领袖。

第二,马克思无私的革命者形象。1906 年,朱执信在文章中叙述了
马克思从出生到作《共产党宣言》前后的生平概要,说马克思出生于"德利
尔","父为辩护士","长修历史及哲学","始冀为大学祭酒",但因宗教问题
未得,"退而从事日报之业",办报期间"始读社会主义之书而悦之",后因文
章"触政府忌"而辗转巴黎,在巴黎与他人共同组织"德法年报",从而"始
研究国家经济学,而探社会主义之奥窦,深好笃信之",并提到"德法年报中
辍乃别发行一杂志,命之曰进步,痛抨击普鲁西政府",后又被逐,"乃北走比
律悉",还写到马克思在巴黎与恩格斯"相友善",直至"一千八百八十三年,
马尔克卒于伦敦"。③ 朱执信叙述的虽然并非马克思完整的一生,涉及人物也
只包含马克思的父亲以及恩格斯,但在其笔下一个具体的、敢于批判时弊也因
此多次被驱逐的马克思形象浮现。其父亲的职业以及曾受过的良好教育都暗示
着马克思并非出身于无产阶级。1919 年刘秉麟将马克思生平作为主要研究对
象,作了《马克思传略》。其中讲到了马克思的家庭:"马克思家庭之乐最圆
满……有子女四人,有二人嫁于法兰西著名之社会党。其所以得病之原因,乃
由于所最爱之夫人,及钟情之长女,先后病故。遂于一八八三年三月十四日卒
于伦敦。"④ 该文是中国人自己撰写的马克思传记类文章,讲到了马克思的父
亲、妻子和子女,虽然其中的信息还不尽准确,但马克思原生家庭及自己家庭
的圆满有爱已跃然纸上,刘秉麟也因此开始思考这与马克思所持之主义的关
系。刘秉麟分析:"自其幼时家庭关系观之,与其所持之社会主义,似不相
洽。"⑤ 表明了马克思从事的事业并非从自己的私利出发。1920 年《解放与改
造》中设有《社会改造家》栏目,马克思被列入其中,值得注意的是,此文在
叙述马克思生平时讲到了马克思的母亲,"亨利马克思,是犹太人,是从犹太

① 《劳动节与劳动运动者》,《东方杂志》,1920 年第 17 卷第 9 期。
② 林云陔:《近代社会主义进行之动机》,《建设》,1920 年第 2 卷第 4 期,第 2 页。
③ 势伸:《德意志社会革命家小传》,《民报》,1906 年第 2 期,第 1~17 页。
④ 刘秉麟:《马克思传略》,《新青年》,1919 年第 6 卷第 5 期,第 519~520 页。
⑤ 刘秉麟:《马克思传略》,《新青年》,1919 年第 6 卷第 5 期,第 517 页。

教改宗基督教的，和他夫人——马克思的母——都受过高等教育"①。朱执信早在 1906 年的文章中就有介绍马克思的父亲，但他的母亲还是第一次被提及，出现时间晚了许多年，表明当时的人们偏重于从父亲方面来分析后代的出生环境，接下来朱执信还写道："马克思生长于这样的家庭，再加以天赋的才能，又学于德国当时号称最高学府的波恩（Bonn）及柏林大学，他以后的事业，自然亦非无因而至了。"② 此文还讲到了马克思从巴黎被驱逐移居比利时后"脱去德国国籍，已不归属于任何一国了"③。马克思一方面具有良好的出身和教育，一方面屡遭驱逐甚至失去国籍，其选择的事业对其生活影响之巨大清晰可见。在人们关于马克思父母、妻子、子女的叙述中，可想见马克思原本出身于富足的家庭，本有圆满的生活可享受，而从马克思一生中多次遭驱逐、辗转奔波于各地、失去国籍的动荡生活中，又可见其生活的颠沛与不易，鲜明的对比突显了马克思不顾个人安危得失、并非为一己私利在战斗的无私形象。

第三，马克思献身著述的奋斗者形象。1919 年 4 月《晨报》连载陈溥贤的《近世社会主义鼻祖马克思之奋斗生涯》，叙述了马克思在贫病交加中撰写《资本论》的情形，陈溥贤开篇就说到之所以做此文，意在唤起人们研究社会主义的"兴味"以及知晓"古来贤者求学之生涯"。文中写到马克思在撰写《资本论》期间"频年流荡，赤贫如洗，居英几难自活"，甚至于"因欠房租而差押及儿童玩物"④，感叹道："马氏著作《资本论》第一卷之七年间生活，极为悲惨。吾侪今日读之，犹不尽拍案太息于彼苍之不仁也。"⑤ 赞扬马克思具有"坚忍不拔之决心、献身救世之精神。"⑥ 之后，《新青年》1919 年第 6 卷第5 号又以《马克思奋斗生涯》为题转载了此文。马克思为了著述矢志奋斗、无畏贫苦的形象栩栩如生。

当时的人们从不同角度关注马克思的生平，对马克思进行了不同的定位和宣传，时人眼中的马克思是多面的也是统一的。但这些论述都没有直接涉及马克思对其创立的理论的基本态度，而少年中国学会成员的论述恰好补充了这个内容。

少年中国学会对于马克思个人形象的宣传虽着力不多，但特点突出。少年

---

① 绍虞：《社会改造家传略》，《解放与改造》，1920 年第 2 卷第 15 期，第 33 页。
② 绍虞：《社会改造家传略》，《解放与改造》，1920 年第 2 卷第 15 期，第 33 页。
③ 绍虞：《社会改造家传略》，《解放与改造》，1920 年第 2 卷第 15 期，第 34 页。
④ 渊泉：《近世社会主义鼻祖马克思之奋斗生涯》（一），《晨报》，1919 年 4 月 1 日。
⑤ 渊泉：《近世社会主义鼻祖马克思之奋斗生涯》（二），《晨报》，1919 年 4 月 2 日。
⑥ 渊泉：《近世社会主义鼻祖马克思之奋斗生涯》（三），《晨报》，1919 年 4 月 3 日。

中国学会成员在论及马克思生平的时候，多聚焦其与俾斯麦政府的关系。曾琦在论证"彻底主义"与"妥协主义"的问题时说道："昔马克斯之居英伦也，俾士麦贿之以金钱而不受；宋教仁之居东京也，袁世凯诱之以爵禄而不动。何则，俾士麦之'社会政策'与马克斯之'社会主义'根本上不相容。"① 突出马克思对主义坚持的彻底性，并以此佐证自己的观点。王光祈在讨论"社会活动"与"政治活动"时也用了同一个事例，当时王光祈想要证明的是少年中国学会成员不应该加入旧政界参与活动，王光祈说："昔日马克斯穷居伦敦，反对德国政府。其时铁血宰相卑士麦执政，厉行社会政策，以缓和阶级战争。夫社会政策，固系一种残羹冷炙之慈善行为。然对于当时之工人境遇，何尝无益。使马克斯亦假加入政界实现主义改良工人境遇之说，则马克斯何妨回国加入政界，以改良工人待遇。想亦卑士麦所极端欢迎者也，然而马克斯不为也。"② 通过强调马克思对主义的坚持，以此说明即使加入旧政界，抱有一定主义进行政治活动，也并不能产生好的结果，但如果"无一定主义"则"其失败更不卜可知矣"。曾琦和王光祈都一定程度了解马克思的生平，才会选择其中事例来论证自己的观点，他们都同时注意到马克思对于其主义的坚持，并对这种品格进行了正面评价，虽然他们刻画马克思对主义的坚守是借马克思的事例辅助自己的观点，但无疑对于马克思正面形象的宣传有积极作用。

与当时对马克思生平关注点不同的是，少年中国学会成员突出了马克思对于其主义的坚持，都注意到当他所坚持的社会主义与其他理论不相融时，马克思绝不妥协的坚定态度。这不仅弥补了当时对马克思个人认识的不足，还有两个重要价值不容忽视。第一，将马克思的生平与马克思的社会主义直接联系在一起，为马克思坚定的革命者形象找到了根源。在之前人们对于其生平的讨论中，虽然已经看到马克思的选择与其出生背景的矛盾，但并未找到答案。第二，这些内容树立了马克思对社会主义的坚守，树立了马克思即使在贫病交加中仍然坚持信仰的坚定形象。这是当时并未出现过的马克思形象，完善了马克思的整体形象。马克思一生经历丰富，虽然很多细节当时的人们还不清楚，难以体会其心境，但对当时致力于寻找先进理论变革社会的先进分子来说，其对主义的坚持具有强烈的示范意义。但也必须承认，王光祈或曾琦都并未进一步深究马克思始终坚守主义的深层原因，只是停留于事件本身，他们对马克思形象的宣传并非有意为之。1920年《星期评论》上刊登《马克斯逸话

---

① 曾琦：《澈底主义与妥协主义》，《少年中国》，1922年第3卷第8期，第46~47页。
② 王光祈：《政治活动与社会活动》，《少年中国》，1922年第3卷第8期，第5页。

一节》，文章描述了马克思在贫苦困乏之中"和他的夫人抱拥着，一面唱格特的恋歌，一面跳舞"的乐观主义，也讲到了马克思在面对俾斯麦收买时"严辞拒绝""半点不动"的坚决态度，最后作者感叹道："像我们做新闻记者的、这个道德性，尤其是要紧，因为受这种诱惑的机会最多。像马克思这样的人格，尤其是我们新闻记者的好模范。"① 作者被马克思的坚韧与乐观所折服，并明确表示要学习，相比王光祈和曾琦，作者对马克思形象的宣传更为积极主动。

二、宣传了列宁和恩格斯的正面形象

列宁作为俄国革命领袖，在当时的中国，人们对他的认识和评价不一。1919 年《大公报》中经常刊载"过激派""过激主义"等消息，比如"过激派蔓延入华之噩耗"，内容包括"共产公妻是口头禅"等②，比如"传播过激主义之危险"③。1919 年 5 月《大公报》刊登了《列宁传》，虽称之为"近代名人"，但说列宁与李卜克内西同为过激派首领，与李氏相比性格"则圆较狡猾"，文章介绍了列宁的父亲、兄长，以及其鼓吹和实行革命，以致被捕、流放的经历，说"因此志行愈坚、思想愈激，卒有今日之成功"。也说"列宁富于策略"，并且"一面为权谋术数之策士，一面又为真挚笃厚之学者，彼生平著述颇多，如'俄国资本主义之发达'、'军国主义'、'土地问题'等书，家诵户说，至今传为名著也"④。此文还列举了列宁的两次谈话内容，试图推想"列宁之性行之政见"。文章对列宁的评价有褒有贬，但总的来说，放在"过激派首领"的总判断下进行分析，而"过激派首领"在《大公报》的话语中并非赞誉之词。由于俄国革命所取得的成就，当时社会上也有对列宁的赞誉之词。比如有人提出："列宁政府的时代，女子才得与男子享绝对同等的权利。我们单就这一点看起来，列宁政府在人类文明史上已经是干了一个不朽的事业了。"⑤ 并认为即使是反对列宁的人对此也要表同意。还有人说道："俄国谋资产公有之实现，已经重大之牺牲，现仍在实验期中。但其首领李宁不可谓非当代独一无二之圣人也，俄国而外，恐无其人。"⑥

---

① TTS：《马克斯逸话一节》，《星期评论》，1920 年第 31 期，第 4 页。
② 《过激派蔓延入华之噩耗》，《大公报》，1919 年 1 月 8 日。
③ 《传播过激主义之危险》，《大公报》，1919 年 3 月 20 日。
④ 《列宁传》，《大公报》，1919 年 5 月 10 日。
⑤ 《劳农政府治下之俄国（十）》，《晨报》，1919 年 4 月 22 日。
⑥ 李万里：《社会主义之评判及社会革命之预防》，《新中国》，1920 年第 2 卷第 6 期，第 4 页。

列宁与俄国革命紧密相连，当时中国社会在北洋政府主导下对其的评价并非全为正面。但在少年中国学会的视野中，列宁是与革命及革命胜利相连的革命家，对其的正面评价是主要的，对于列宁个人正面形象的宣传起到了促进作用。比如曾琦认为："盖俄国革命之成功，乃列宁诸人多年社会运动之效果。"①"非有多年社会运动之列宁一派人物，则不能有今日之俄罗斯。"② 李璜提出："列宁本年十月十七日所说的三个仇敌的话……不但一般谭马克斯的集产主义者该当铭诸肺腑，就是一切谋改造的人都该当细味其言。"③ 认为列宁的话是可做改造社会的参考的。1921 年 7 月李大钊在《新青年》第九卷 3 号的《俄罗斯革命的过去和未来》中写到了列宁，直接称列宁为"建设新俄罗斯的中心人物"④，并对其履历进行了介绍。在北洋政府的统治下，少年中国学会主要从正面且详细介绍列宁其人，这对于中国选择俄国人的道路具有积极作用。

相比马克思和列宁，少年中国学会对于恩格斯的关注度较低，将恩格斯视为马克思的朋友兼同志，但主要是强调其朋友身份。1919 年恽代英节译了恩格斯的《家庭、私有制和国家的起源》，在译文之前恽代英写道："英哲尔士（Frederick Engels）为马克斯（Karl Marx）的挚友，终生在宣传事业中联合努力。读马氏传的，无有不知他的。"⑤ 将恩格斯视为马克思的朋友兼同志。李大钊在《我的马克思主义观》中也说到马克思《资本论》的第二、三卷，是"马氏死后他的朋友昂格思替他刊行的"⑥。同样将恩格斯视为马克思的朋友和同志。虽然少年中国学会对恩格斯的关注有限，但已一定程度上看到恩格斯在马克思主义的建构中发挥着一定的作用。

综上所述，少年中国学会对于马克思主义经典作家个人的评价，一定程度上有利于他们完整、正面形象的树立，这在当时国人知识文化水平总体不高情况下，为促进人们经由认同马克思到认同马克思主义起到了良好的桥梁作用。比如陈溥贤在了解马克思于艰难困苦之中著述《资本论》后，就感叹道："后世对于马氏学说，颇多论难，然观其著述之经，已足见其非寻常之作矣。"⑦

① 曾琦：《政治运动之前车与社会运动之先导》，《少年中国》，1922 年第 3 卷第 8 期，第 15 页。
② 曾琦：《澈底主义与妥协主义》，《少年中国》，1922 年第 3 卷第 8 期，第 42 页。
③ 李璜：《再谭对于少年中国的预备工夫》，《少年中国》，1922 年第 3 卷第 8 期，第 40 页。
④ 中国李大钊研究会：《李大钊全集》（第三卷），人民出版社，2013 年，第 405 页。
⑤ 恽代英：《英哲尔士论家庭的起原》，《东方杂志》，1920 年第 17 卷第 19 期，第 51 页。
⑥ 中国李大钊研究会：《李大钊全集》（第三卷），人民出版社，2013 年，第 1 页。
⑦ 渊泉：《近世社会主义鼻祖马克思之奋斗生涯》（四），《晨报》，1919 年 4 月 4 日。

从肯定马克思献身著述的奋斗经历和精神延伸到肯定其著述和理论。与陈溥贤感悟相同的还有范寿康，他在《马克思的唯物史观》中写道："我并不敢说：马克思的唯物史观一定不错，不过我要说他错，我当然要科学的根据。他一生颠沛流离，默察静思了一世，作了一部大著资本论，我连看都没有看，恐怕看也不能了解他的真意，那么以我这种人来反对这个唯物史观当然是没有意义极了。"① 也是因了解马克思的奋斗经历而不会轻易否定其理论。

第四节　少年中国学会的理论探索有利于马克思主义走向中国实际

少年中国学会在其存在的时间里，一直保持着对外来思潮和中国实际问题的关注，并在某些问题上进行着深入探索，其中蕴含的思想精华对于马克思主义与中国实际的结合具有铺垫作用。

一、"联合"思想为开创"工农联盟"的中国特色革命道路提供思路

《少年中国》创刊后，征稿时就表明"本月刊文字注重鼓吹青年、研究学说、批评社会二种"②。"批评社会"是其中之一。少年中国学会会员普遍对现实社会极为失望和不满，认为当时的政治腐败已达极点，有着与旧社会脱离的强烈决心，并且认为少年中国学会就是与现实旧社会划清界限而建立的一个完全崭新的团体。恽代英提出："我们中国已成的势力，没有一种可以靠得住。"③ 李璜提出："我们今后的一切行为没有与旧势力调和的余地。"④ 曾琦提出："'不利用已成势力不依赖过去人物'，此固海内同志所共闻者。然此初非吾侪少数人之私见而实全国青年之公意也。"⑤ 与旧势力割席，与封建桎梏决裂，虽是少年中国学会会员的共识，也承认改造旧的社会才能创造新的生活，但如何改造却分歧重重，少年中国学会内部有着两种完全不同的思路。王光祈

---

① 范寿康：《马克思的唯物史观》，《东方杂志》，1921 年第 18 卷第 1 期，第 69 页。

② 《会务纪闻》，《少年中国》，1919 年第 1 卷第 2 期，第 51 页。

③ 恽代英：《恽代英文集》（上卷），人民出版社，1984 年，第 106～107 页。

④ 李璜：《破坏与建设及其预备工夫》，《少年中国》，1922 年第 3 卷第 8 期，第 31 页。

⑤ 曾琦：《学会问题杂谈》，《少年中国》，1922 年第 3 卷第 8 期，第 77 页。

等人主张跳到旧社会之外进行改造。王光祈认为："中国社会是一个有传染病的社会，我们康健的青年加入此种社会内，久而久之我们亦是要受传染。"主张"立在旧社会以外，把旧社会当作一种客观的东西去改造他研究他"①。李璜也有同样的认识："这个旧社会的空气太坏，不先赤条条走了出来，终久被他软化。"②基于要"立在旧社会之外"的想法，王光祈认为中国急需的是大力开展"社会的社会改革"，即"以社会自力促进社会"，并将福泽谕吉、托尔斯泰等看作中国进行此项工作的"良师"，号召青年积极投入社会活动中去。③曾琦与王光祈意见相同，认为政治改革在今日已经不可能，只有进行社会活动才是符合世界潮流与目前国家形势的最佳选择。④王光祈还进一步区分了社会活动和政治活动，明确提出学会应该从事的是社会活动，而非政治活动，并认为这是事关学会生死存亡的大事，主张学会对此事发起投票来表决。郑伯奇、周佛海、田汉也明确表示："丑态毕呈的旧组织与我们理想的'少年中国'决不相容，犹之旧势力之不容新势力一样。"⑤反对本会会员在现在资本主义乃至军国主义的旧政治组织之下进行政治活动。但是，王光祈等主张学会绝对不参与政治活动、只进行社会活动的提法遭到了一些会员的反对。留学美国的会员认为政治活动与社会活动都可进行，并不矛盾，并对王光祈等提出的问题——进行回应或驳斥。⑥北京会员也赞同美国会员的意见。⑦恽代英则观点鲜明地提出少年中国学会的唯一责任是求社会的全部改造，并且认为"为改造旧社会，亦有加入旧社会的必要"⑧。

少年中国学会成员对于如何改造旧社会虽存在一定程度的分歧，但分歧中又有共识，这个共识即"联合"以改造的思想，学会成员结成社团本身也是一种联合，就像王光祈所说的"北京总会对于各分会，不愿多加束缚。我觉得这种组织——最小团体的最大联合——不但是一个学会应该如此，就是国家世界的组织亦应该如此"⑨。他们普遍主张联合起来共同斗争以改造旧社会，他们

① 王光祈：《旅欧杂感》，《少年中国》，1920年第2卷第5期，第32~33页。

② 李璜：《会员通信》，《少年中国》，1919年第1卷第6期，第52页。

③ 王光祈：《"社会的政治改革"与"社会的社会改革"》，《少年中国》，1922年第3卷第8期，第48~57页。

④ 曾琦：《政治运动之前车与社会运动之先导》，《少年中国》，1922年第3卷第8期，第13~24页。

⑤ 《郑伯奇等的提案》，《少年中国》，1922年第3卷第11期，第65页。

⑥ 《康白情孟寿椿等的提案》，《少年中国》，1922年第3卷第11期，第70~75页。

⑦ 杨钟健：《略谈学会问题》，《少年中国》，1922年第3卷第11期，第79~83页。

⑧ 恽代英：《恽代英文集》（上卷），人民出版社，1984年，第331页。

⑨ 王光祈：《少年中国学会之精神及其进行计画》，《少年中国》，1919年第1卷第6期，第6页。

提出的"联合"有以下几个方面：

其一是劳动阶级的大联合。恽代英提出改造旧社会，"这只有群众的力量。群众联合起来的力量，是全世界没有可以敌对的"①，应唤起群众联合起来斗争，才能实现社会的全部改造。王光祈认为理想的状态是造成"士农工商四合国"，并且认为现在只有农民阶级，还等待改造，提出："我以为要着手中国农民阶级改造运动，第一必须先握乡村教育权柄。"②康白情在做《团结论》时提出要讨论的问题是"劳动阶级的总团结"，"俄国布尔扎维克，德国社会民主党，都是知识阶级和下层阶级合作，所以能有成就"③。康白情提出劳动阶级应有四重联合：职工联合、实业联合、泛劳动联合、国际联合。其中泛劳动联合是其中的"总枢纽"。

其二是有觉悟的人率先联合。王光祈提出从现代社会下手改造以实现理想的社会，要将社会中有觉悟的人联合起来，知识阶级中最有希望的是青年学生，劳动阶级中最有希望的是留法的华工，资产阶级中最有希望的是华侨，"将来学生、华工、华侨三派人的联合若能成功，改造中国的机会便到了"④。

其三是小组织的大联合。1920年少年中国学会和其他四个青年社团联合，在发表的《改造联合宣言》中说："我们集合在'改造'赤帜下的青年同志，认今日的人类必须基于相爱互助的精神，组织一个打破一切界限的联合。"⑤李大钊也强调："我很盼望全国各种职业各种团体，都有小组织，都有大联合，立下真正民治的基础。"⑥

其四是青年与劳动阶级的联合。王光祈在少年中国学会的进行计划中提出，青年学生应加入劳动阶级，"我们以为现在的青年应该加入劳动阶级运动——或是农村或是工厂"⑦，指出青年的根本出路是与劳动者的结合。在另一篇文章中王光祈又说实现少年中国主义的方法是"一般青年与一般平民——劳农两届——打成一气"⑧。李大钊提出少年中国的好友"应该投身到山林里

① 恽代英：《为少年中国学会同仁进一解》，《少年中国》，1922年第3卷第11期，第22页。

② 王光祈：《我们应该怎样运动》，《少年中国》，1923年第4卷第5期，第1页。

③ 康白情：《团结论》，《少年中国》，1922年第3卷第9期，第7页。

④ 张允侯、殷叙彝、洪清祥、王云开：《五四时期的社团》（一）生活·读书·新知三联书店，1979年，第316页。

⑤ 张允侯、殷叙彝、洪清祥、王云开：《五四时期的社团》（一），生活·读书·新知三联书店，1979年，第328页。

⑥ 中国李大钊研究会：《李大钊全集》（第三卷），人民出版社，2013年，第181页。

⑦ 张允侯、殷叙彝、洪清祥、王云开：《五四时期的社团》（一），生活·读书·新知三联书店，1979年，第315页。

⑧ 王光祈：《"少年中国"之创造》，《少年中国》，1919年第1卷第2期，第6页。

村落里去，在那绿野烟雨中，一锄一犁的作那些辛苦劳农的伴侣"①，还说："工读打成一片，才是真正人的生活。"②

其五是中国人民与世界人民的联合。李大钊提出："中华的青年应该和全亚细亚的青年联成一大同盟，本着全亚改造的方针，发起一联合大运动。"③并将此看作亚细亚青年的光明运动。恽代英提出创造少年中国要联合同辈，协力互助，"我们要站在人类水平线上，同时与各民族的觉悟者拱手，努力前进"④。

在少年中国学会中"联合"应算一个高频词，他们的"联合"思想已经表明了对群众的集体力量的肯定，他们既看到了联合的必要性，也找到了应联合的主体，并从自身所处的青年和知识分子的身份出发，有了较为清晰的联合计划，即认识到创造少年中国不是件容易的事，再以自身的联合促更大的联合。最为突出的是看到了劳动阶级特别是农民蕴藏在中国社会中的巨大能量，一再强调青年知识分子应主动与工农阶级进行联合。

马克思主义认为主体的联合与团结是夺取胜利的重要条件。胜利从来不会自然而然降临，需要斗争主体创造条件奋力争取。联合起来汇聚力量是无产阶级夺取斗争胜利完成所肩负的解放自身以及全人类的使命的重要条件。恩格斯提出无产阶级只有减少自身的分裂和内耗才能推翻资产阶级的压迫，资产阶级的末日是"当工人之间的竞争停止的时候，当所有的工人都下定决心，不再让资产阶级剥削自己的时候"⑤。马克思提出无产阶级要取得斗争胜利不应只有自己的"独唱"，还应当和其他阶级联合起来形成"合唱"，在农民国度中就要和农民阶级进行联合。⑥ 马克思、恩格斯不仅多次提出无产阶级的国内联合，还一再强调无产阶级的国际大联合。他们号召各国无产阶级形成兄弟联盟，共同反抗国际的资本主义，"联合的行动，至少是各文明国家的联合的行动，是无产阶级获得解放的首要条件之一"⑦。少年中国学会对于"联合"问题的认

①　中国李大钊研究会：《李大钊全集》（第三卷），人民出版社，2013年，第68页。
②　中国李大钊研究会：《李大钊全集》（第三卷），人民出版社，2013年，第179页。
③　中国李大钊研究会：《李大钊全集》（第三卷），人民出版社，2013年，第229页。
④　恽代英：《怎样创造少年中国》（上），《少年中国》，1920年第2卷第1期，第3页。
⑤　中共中央马克思恩格斯列宁斯大林著作编译局：《马克思恩格斯文集》（第1卷），人民出版社，2009年，第454页。
⑥　中共中央马克思恩格斯列宁斯大林著作编译局：《马克思恩格斯文集》（第2卷），人民出版社，2009年，第573页。
⑦　中共中央马克思恩格斯列宁斯大林著作编译局：《马克思恩格斯文集》（第2卷），人民出版社，2009年，第50页。

识一定程度上符合马克思主义的基本思想，并且已结合中国的实际进行分析，看到了当时应当联合的各个主体，这对于脱胎于少年中国学会的马克思主义者以"工农联盟"为基础开创中国革命道路做了重要的思想铺垫。

二、"主义"与"实际"关系的思考为马克思主义与中国实际的结合奠定基础

1919 年下半年，少年中国学会正式成立后不久，"问题与主义"之争就展开了，主要的参与者李大钊是少年中国学会的发起人之一，而胡适在当时青年知识分子中也具有相当的知名度。这场争论在少年中国学会中引起一定的关注。少年中国学会的首倡者王光祈曾就此问题写了《总解决与零碎解决》，提出"总解决"与"零碎解决"这两种方法，"若是趋于极端，都有流弊"。其基本主张是"总解决中的零碎解决"。① "主义"问题是少年中国学会讨论的主要议题之一，讨论的议题颇广：学会是否应该确定主义、应确定什么主义、国家应该选择什么样的主义等，并且许多问题又相互交织缠绕在一起。少年中国学会的"主义"讨论可以追溯到学会成立之初王光祈作《"少年中国"之创造》时，当时王光祈就提出了"主义"以及"解决一切主义的先决问题"谁先谁后的问题。关于"主义"的讨论甚至争论一直活跃于会员的话题中，少年中国学会最终的解散也与"主义"问题关系密切，可以说"主义"问题几乎贯穿了少年中国学会的整个发展过程。

少年中国学会会员在讨论"主义"问题时，应不应该确定共同"主义"的问题最先被提出。经过争论，应该确定主义的观点逐渐占了主流。少年中国学会在巴黎的会员与国内会员通信时针对的会员将"学理"与"主义"截然分开的观点提出学理与主义，并非截然两事，"学理之研究。亦当切实有用于人生。不当与主义悬绝"② 。认为只研究学术，不谈主义既不妥也不可能，有一定主义，研究学术才能确实，有确实的研究，主义自然会明白，因此，要谈主义，而且应该"先有主义"。他们还说中国当时处处皆是问题，方方面面皆宜着手，若无一定的宗旨和主义，难收连贯主从之功，会患东扶西倒之病。经历过少年中国学会"主义"之争的早期马克思主义者，对于应有确定的主义的态度也清晰坚决。1920 年 11 月毛泽东就清楚指出："主义譬如一面旗帜，旗帜

---

① 若愚：《总解决与零碎解决》，《晨报》，1919 年 9 月 30 日。

② 巴黎本会同人：《会员通讯》，《少年中国》，1920 年第 1 卷第 7 期，第 57～58 页。

立起了，大家才有所指望，才知所趋赴。"①

少年中国学会对于"主义"的讨论，还触及了另一个基本的问题，即如何对待"外来主义"。少年中国学会会员有两种突出观点：一是普遍认为不可不对风起云涌的主义进行研究。"社会主义现在正由理想的时代入于实行的时代。与人类将来幸福关系狠深。大家既应当抱定'爱世努力的改造主义'。就应当想个方法下手，故所以对于这样风起云涌的社会主义不可不先来研究。"② 二是认为不能盲目选择现成的主义，应该去创造适合自己的主义。黄忏华主张要将中国文化与外来文化相结合创造一种新文化，以此作为实际中奉行的主义。"我们现在对于中国精神文化的责任，就是一方面保存中国旧文化中不可磨灭的伟大庄严的精神，发挥而重光之。一方面吸取西方新文化的菁华，渗合融化。在这东西两种文化总汇基础之上建造一种更高尚更灿烂的新精神文化，作世界未来文化的模范，免去现在东西两方文化的缺点"③，而不是剽窃一点欧美最近的学说或保守一点先秦诸子的言论就算是中国的精神文化，批评直接将外来主义拿过来的行为，将之视为可耻的"剽窃"。王光祈提出不应只是去欢迎、去模仿某一种现成的主义，而是按实际情况创造适合自己的主义，"我们现在唯一的道路就是创造"④，基本主张是要去创造适合自己的主义，只有从自己实际出发创造的主义才适合自己。后来在摘录会员们东京会谈的要点时，王光祈再次强调要除旧布新，认为要自己创造的主义才算是新的，沿袭下来的或外国的舶来品都不算是新的。"我以为不管他是中国圣贤传下来的古董，或是外国留学生贩运来的舶来品，他们的价值，仅能做我们的参考材料。"⑤ 再次重申了只有量身定做的才是适合自己的主义的观点。1920 年王光祈在与会友通信时又提出，虽然现在经常讲改造社会、改造家庭、改造个人生活、从事社会事业，但需要调查实际状况才有着手之处，"现今各种主义学说虽皆可以供吾人改造之参考，然欲实地改革则非熟悉各地实在情形不可"⑥，将"主义"与"实地情形"的关系进行了清晰的论述。可以说，王光祈已经具有将"外来主义"与"中国实际"进行结合的初步思想。王光祈还将基于中国实际创造的

① 中共中央文献研究室、中共湖南省委《毛泽东早期文稿》编辑组：《毛泽东早期文稿》（一九一二年六月——九二〇年十一月），湖南人民出版社，2008 年，第 498 页。
② 李璜：《会员通讯》，《少年中国》，1919 年第 1 卷第 5 期，第 49 页。
③ 黄忏华：《中国青年的奋斗生活与创造生活》，《少年中国》，1919 年第 1 卷第 5 期，第 8 页。
④ 王光祈：《"少年中国"之创造》，《少年中国》，1919 年第 1 卷第 2 期，第 3 页。
⑤ 王光祈：《会务纪闻》，《少年中国》，1919 年第 1 卷第 2 期，第 53 页。
⑥ 王光祈：《会员通讯》，《少年中国》，1920 年第 2 卷第 1 期，第 55 页。

主义命名为"少年中国主义"① 以及"中国式……主义"②。周太玄也提出了创
造主义的想法,"采定主义,固然是必要,但是,若不单为少年中国学会行事
的方便,更要诚实的虑到中国的将来,那吗我们真定应该采定的主义还得自己
创造"③。他认为现成的主义并不一定能适用于中国的"此时此地",看到了
"主义"与"实际"的关系。恽代英说列宁"是一个学者,但他最注意的是俄
国实际情形"④。李璜提出要讲社会主义要"学马克斯这样留心一下社会事
实"⑤。少年中国学会会员关于"主义"的问题,一再提出不能只是欢迎别人
的"主义",关键在于要"创造"出适合自己的,实际上就是清楚地看到了
"主义"与"实际"须臾不可分离,认为外来"主义"须与"中国实际"紧密
结合。就如李大钊精辟指出:"一个社会主义者,为使他的主义在世界上发生
一些影响,必须要研究怎么可以把他的理想尽量应用于环绕着他的实境。"⑥

20世纪早期,理论与现实的关系问题不时被知识分子所提及。比如《甲
寅》中就有文章说:"以学说引政治而归于正道者,其国昌;以政治迫学说而
入于歧途者,其国亡。二者势力之消长,国家之隆替随之。"⑦《晨报副刊》中
也有文章说:"无论那一种政治制度,他的背后都有一种坚强的学说做他的根
据,否则他那政治制度必要动摇。"⑧ 都已经看到了理论对于改造现实的重要
作用。少年中国学会的讨论更为充分,他们在关于是否应该确定"主义"、如
何确定"主义"的讨论中,不仅将"主义"与"实际"紧紧联系在一起,而且
提出了相对一致的主张,即主义的选择必须以国情为依据,这对于在各种思潮
中进行主义选择以及坚定选择马克思主义的先驱们,在处理马克思主义与中国
实际关系时,无疑都具有积极意义。

马克思主义中国化的历史进程需考察长时段、宽领域的史实,有的历史主
体发挥的作用是直接的、具有突破性的,有的历史主体所发挥的作用是间接
的、创新性有限的。少年中国学会成员虽然各自有不同的精神需求与精神追
求,但从整体而言,作为五四时期最具代表性的社团,对马克思主义执着关

---

① 王光祈:《"少年中国"之创造》,《少年中国》,1919年第1卷第2期,第4页。
② 张允侯、殷叙彝、洪清祥、王云开:《五四时期的社团》(一),生活·读书·新知三联书店,
1979年,第294页。
③ 周太玄:《学会的四种特性》,《少年中国》,1922年第3卷第8期,第29页。
④ 恽代英:《恽代英文集》(上卷),人民出版社,1984年,第441页。
⑤ 李璜:《社会主义与社会》,《少年中国》,1922年第3卷第10期,第5页。
⑥ 中国李大钊研究会:《李大钊全集》(第三卷),人民出版社,2013年,第51页。
⑦ 漆运均:《政治势力与学说势力消长论》,《甲寅》,1915年第1卷第10期,第17页。
⑧ 松年:《民治与教育的关系》,《晨报副刊》,1921年12月18日,第1版。

注、对中国实际问题深入探讨，虽没有发展为马克思主义性质的社团，但在马克思主义中国化历史进程中也并非无所作为。社团的进步思想、内部的思想互动为社团中走出马克思主义中国化主体奠定了基础；社团对马克思主义著作的讨论为这些著作成为中国经典提供了帮助；社团对马克思、恩格斯、列宁的讨论，宣传了他们的正面形象；社团对一些问题的探索为理论与实际的结合提供了思路。总体来说，少年中国学会对于马克思主义中国化的展开和推进是有着积极作用的。

第六章　少年中国学会研究的当代启示

20 世纪早期，中国社会各种问题相互交织，各种思潮流传，少年中国学会屹立其中，为忧国忧民的进步知识分子提供了相互交流的平台。少年中国学会在与马克思主义的互动中、在对中国实际问题的探索中，对马克思主义中国化历史进程的推进发挥了一定的积极作用。少年中国学会留下的一些经验和教训对在新的历史条件下推进马克思主义中国化的发展，依然具有启示意义。

第一节　科学对待外来先进文化

马克思主义并非中国本土文化，它是以外来文化身份进入中国人视野的，也正因为其并非中国内生，才有了"中国化"的问题。马克思主义并非在中国一落地就遍地开花、引起强烈反响，而是逐渐获得关注、引发思考。时人如何对待马克思主义，涉及一个更为基础也更具普遍性的问题，即如何对待外来思想文化。这个问题也是 19 世纪末到 20 世纪早期国人面临的一大问题，与马克思主义最终能否走向中国实际密切相关。少年中国学会在对待外来思想文化上基本持欢迎态度，但其中也有值得反思的问题，在全球思想文化交流极为便捷和频繁的时代，当时的一些经验和教训也值得注意。

一、不盲目排斥也不盲目推崇外来思想文化

西洋文明传入中国之后，"世界"开始代替"中国"成为国人视野的基本范围，"不能在世界之外"的思想也由此而生。人们关注各种外来思想文化，最初只是单纯的视野突破，之后注意到中国文化之外还有其他文化成果。伴随而来的问题是该如何对待这些外来的、新鲜的思想文化。面对那些因资本主义经济、军事优势而自带光环、与中国传统文化差异明显的西方思想文化，中国人的态度是多样的，但也有共同之处。

纷至沓来的外来思想文化让人应接不暇,"迎"或"拒"是两种基本选择。盲目欢迎万不可取,"中国的青年,口胃虽开,但养料缺乏。大有凡是西方的东西都一律欢迎之势,其结果自不难于无形之中,传染几分最长于海外发展的宗教思想"①。持保守主义、拒绝新思想也同样不可取,对此少年中国学会中有人专门分析了中国人为什么会有保守心理的问题,提出"保守"是古今中外人类所共有的。第一种是由恐惧所发生的保守心理,即害怕新的事物带来的危机;第二种是模仿前人的心理;第三种是遵守习惯的心理。还指出中国人特有的保守观念:第一种是崇拜祖先,第二种是过分尊重老年人,第三种是尊重经典,第四种是信命,第五种是达观。并提出要改变前三种"惟有发展和他们相反的本能",要去掉后五种则"要改造养成他们的势力",包括教育上的势力、社会组织上的势力、地势上的问题。② 总的来说,少年中国学会对外来思想文化是"迎"而非"拒",绝非保守者。

少年中国学会对于外来思想文化的"迎"主要体现在两个方面:第一,在研究具体问题时已能借助多种外来理论作为参考。比如李璜对于社会主义关注度较高,写了《社会主义与社会》《社会主义与宗教》等文章专门论述这个问题,在文章中就经常引用其他学者的著作作为社会主义的研究材料,比如蒲鲁东的《秩序的创造》③、涂尔干"所发表的社会主义的定义"。④ 第二,少年中国学会在社会主义、无政府主义等一些外来思潮不被当时官方认可的情况下,仍然对这些思潮保持关注。在军阀统治之下,社会主义等思潮与官方的意识形态格格不入,很多相关的书籍、报刊都遭到政府"查禁",但少年中国学会会员已注意到这些思潮所产生的巨大影响,没有盲目拒绝,而是热烈讨论。"社会主义之最大理想在重新改造社会经济组织使个人均在经济上有较为平等的机会与待遇。是义也,自工业革新以来资本家与劳动者阶级之悬殊大为昌明;自劳农俄国成立与欧战停止更为流行。"⑤

中国与世界的联系无法人为隔断,清政府逆势而动的结果是拉开了中国与世界的距离,只有坚持睁眼看世界、对西学持开放态度的知识分子,才能对外来的思想文化持积极心态,从而看到"世界各邦,均以满布社会主义之空

① 周太玄:《宗教与人类的将来》,《少年中国》,1921年第3卷第1期,第31页。
② 刘衡如:《保守之心理》,《少年中国》,1920年第2卷第2期。第22~29页。
③ 李璜:《社会主义与宗教》,《少年中国》,1921年第3卷第1期,第47页。
④ 李璜:《社会主义与社会》,《少年中国》,1922年第3卷第10期,第2页。
⑤ 陈启天:《新国家主义与中国前途》,《少年中国》,1924年第4卷第9期,第7页。

气"①。也才能从宽泛的社会主义思潮中慧眼识得马克思主义。马克思主义的诞生源于创立者的丰厚世界文化底蕴，理论体系的不断发展源于继承者对世界文化的博采众长。马克思主义经典作家无不是博览群书、充分吸收各类知识文化精华的榜样人物。今天马克思主义中国化的推动仍然应该广泛吸取百家精华以发展自己，与世界先进文明成果互动互促。

二、不盲目用"本土文化中早已有之"解读外来先进文化

19世纪末20世纪早期，社会主义、马克思主义随其他外来思想文化一起涌入中国，如何看待这些外来者，这一时期有一种观点值得注意，即认为这些思想在中国其实"早已有之"，并不稀奇，也并无太大价值。这种观点或许是当时文化不太自信时期的捍卫本土文化的一种说法，但从马克思主义与中国人的互动来看，这种观点一定程度上阻碍了人们进一步去探索这个外来先进理论。

认为社会主义思想在中国古已有之的，梁启超就是代表。梁启超在自己的文章中，多次提到社会主义思想是近世欧洲的新思想，但是也多次提到这个思想在中国早已有之。比如梁启超虽认为"社会主义者，近百年来社会之特产物也"②，但同一篇文章中又马上写道"中国古代井田制度正与近世之社会主义同一立脚点"③。梁启超还认为社会主义精神不是外来的，孔子的"均无贫，和无寡"、孟子的"恒产恒心"就是这主义最精要的论据。④ 1921年，梁启超在《墨子学案》的《墨子之实利主义及其经济学说》一章中分析墨子的消费观时提出墨子主张节用，"墨子以为凡奢侈的人，便是侵害别人的生存权"⑤。接着又说道："近代马克思一派说，资本家的享用，都是从掠夺而来。这种立论根据，和二千年前的墨子正同。"⑥ 梁启超是中国近代社会舞台上的风云人物，也是较早接触社会主义学说的知名人士，其丰富的传统文化素养使其很容易从中国传统思想中找到与社会主义学说相通的因素。梁启超终其一生对社会主义学说应用于中国并不看好，提出"若欲举马克思所理想，兰宁所实行之集权的

---

① 何海鸣：《华工与过激派》，《新中国》，1919年第1卷第1期，第255页。
② 《中国之社会主义》，《新民丛报》，1903年第46至48号合本，第14页。
③ 《中国之社会主义》，《新民丛报》，1903年第46至48号合本，第15页。
④ 梁启超：《欧游心影录》，商务印书馆，2014年，第45页。
⑤ 张品兴：《梁启超全集》（第六册），北京出版社，1999年，3268页。
⑥ 张品兴：《梁启超全集》（第六册），北京出版社，1999年，3268页。

社会主义移植于中国，则亦以违反国民性故，吾敢言必终于失败"①。梁启超如此的观点与其认为社会主义思想在中国早已有之，并无新鲜、高明之处，不无关联。

少年中国学会的李璜看待马克思主义与梁启超看待社会主义具有相似之处。李璜认为："我们中国私产制度的坏处还更多呢。弟兄分家，打破头皮。富翁无儿，亲戚谋产。这种强盗的现象用不着蒲鲁东马克斯拿尖锐的眼光科学的方式去写，众人都早已知道，不过他们不敢说是强盗的行为，因为他们也在私产制度里面。"② 李璜虽然已经清楚马克思的理论说中了当时的社会痛点，但却认为这早已是有目共睹的事实只是没有被提出来，马克思将之书写出来其实并无高明之处，虽承认马克思的理论有其价值但又认为其价值有限。李璜还批评少年中国学会其他成员说："我们的同志讨论社会革命，未免太马克斯派一点，太偏于经济生活一方面了。"③

梁启超与李璜对待马克思主义的态度具有相似之处，这与他们最初接受到的社会主义学说不无关系。梁启超在自己的文章中明确提到"社会主义"是戊戌变法失败逃难到日本之后的事。1901 年梁启超在《南海康先生传》中写道："先生之哲学，社会主义派哲学也。"④ 这是梁启超第一次正面写到了"社会主义"，由此推断，梁启超应该是到日本之后才正面接触社会主义学说，接受到的主要是日本的社会主义学说。张灏在《梁启超与中国思想的过渡（1890—1907）》中写道："在梁的文章中，他经常提到他所读书籍的一些日本作者。这当中，像福泽谕吉、加藤弘之、德富苏峰、中村正直等人的名字尤其突出。"⑤ 其中加藤弘之是最先把社会主义思潮介绍到日本的思想家之一，"在他的《真政的大意》一书中，首次向日本介绍社会主义和共产主义两种经济学说，称'社会主义和共产主义两种经济学说大同小异，都主张消灭私有财产，解决贫富悬殊的问题'，是对社会治安'最为有害的制度'"⑥ 梁启超对社会主义的态度固然受很多因素影响，但与其所读的书不能说没有关系。李璜在赴法留学

① 张品兴：《梁启超全集》（第六册），北京出版社，1999 年，第 3345 页。
② 李璜：《会员通信》，《少年中国》，1919 年第 1 卷第 6 期，第 52 页。
③ 张允侯、殷叙彝、洪清祥、王云开：《五四时期的社团》（一），生活·读书·新知三联书店，1979 年，第 382 页。
④ 夏晓红：《梁启超文选》（上），中国广播电视出版社，1992 年，第 306 页。
⑤ 〔美〕张灏：《梁启超与中国思想的过渡（1890—1907）》，崔志海、葛夫平译，江苏人民出版社，1995 年，第 81 页。
⑥ 门晓红：《日本早期社会主义思潮对中国共产党的影响》，《马克思主义研究》，2011 年第 10 期，第 112 页。

前的《留别少年中国学会同人》中曾说道："兄弟年来家居，借了一部经济学史来看（法儒易德 Charles Gide 著），那上面大半是述历来各派社会主义的学说，因此脑筋里便装了点社会主义的思想。"① 受此书的影响，李璜认为社会主义使得平民未获其利，先受其害，还进一步举例说道："譬如十九世纪马尔克斯（Karl Marx）主张的阶级战争（lutte de classes），实行的手段有一种是万国工党同盟罢工，但因为罢工，每次都生出暴动，不知连累了多少平民。又如现在俄国的社会革命，以致彼此相杀，闹得无有人道了。"② 显然李璜认为马克思主张的阶级斗争并非对社会有利。

在中国近现代史上，以梁启超的成就，李璜与梁启超并不能相提并论，但在对待社会主义这个问题上，二人的相似之处却值得我们注意。不论是梁启超还是李璜，他们对于世界潮流中的社会主义并非完全不欢迎，也都将马克思主义看作社会主义的一个派别，但一方面只偏重于外来学说与已有传统思想文化的相似之处，另一方面受到资本主义立场的学者对于社会主义学说解读的影响，都没能从这一理论本身的阶级立场、历史进步性去把握其价值，从而造成认识上的局限，最终没有发现这一理论的独特价值，这应该是他们最终没有走向马克思主义的原因之一。

社会存在决定社会意识，人类社会生活的共同点决定了不同文化间的互通性。对外来文化一味排斥会阻碍文化的交流以及自身的进步，但只看到外来文化与原有文化的相似之处，也不能抓住外来文化的价值所在，因此，面对外来文化时不能只关注其与本土文化的共性，也要关注二者的差异。只看到外来学说的内容中国早已有之，偏重于在中国传统文化中寻找与之相似的内容，这样的思维模式可拉近外来文化与本土文化的距离，一定程度上便于理解外来文化，但同时会掩盖外来文化的独特个性和价值，阻碍对外来文化的完整认识，导致对外来思想文化认识简单化。来自不同国家和地区的先进文化都是人类实践和智慧的结晶，都是含有丰富内容的理论体系，文化间的共性和差异都是不同文化共存的基础，只关注其中之一具有严重的片面性。文化间的相似相通使异质文化似曾相识，但文化间的差异才体现不同文化的独特价值，因此在接受外来先进文化的过程中，不急于寻找异质文化间的相通或相似之处，保留一定的距离感和陌生感有其积极意义。马克思主义并非中国内生理论，其之所以被

---

① 张允侯、殷叙彝、洪清祥、王云开：《五四时期的社团》（一），生活·读书·新知三联书店，1979 年，第 289 页。

② 张允侯、殷叙彝、洪清祥、王云开：《五四时期的社团》（一），生活·读书·新知三联书店，1979 年，第 289 页。

选择，与其拥有与中国传统文化不同的独特价值密切相关，马克思主义中国化进程的推进中，我们应该既注重其与中国传统文化的相通相似，又注重其自身的独特价值，这才符合辩证法精神。

第二节　从世界历史视野研究中国问题

20 世纪早期的知识分子已有了明显的"世界眼光"，他们从中国看向世界，看到了世界潮流滚滚而来，又从世界看向中国，认识到中国不能在世界之外，也认识到中国处境之危险，"甲午以后，西人谓东方有病人焉，中国是也。戊戌以后，西人谓东方有死人焉，中国是也。今则谓东方之死人，已骨朽肉腐，行将飏为灰烬"。悲叹："二十世纪中为我中国人灭迹之时，思之可为寒心。"① 中国本一直处于世界之中，但清政府的闭关政策导致有的人渐渐忽略了这一事实。先进的中国人一旦重新认识了"世界"，就必然认真对待"中国与世界"。

一、少年中国学会基于世界大局分析中国问题

"世界"是少年中国学会成员思考问题的基本范围，他们把少年中国的创造放在世界中进行探讨，在世界版图中定位少年中国的位置，以此探索现实中国问题的解决。少年中国学会基于现实中国看向世界，不只看到现实中国在世界之中，中国是世界的一部分，并且还将适应世界发展要求作为思考如何创造少年中国的重要问题。李大钊在为曾琦的《国体与青年》写的"跋"中说："必要把世界作活动的舞台，把自国的 Democracy 作世界的 Democracy 一部分去活动，才能有成功的希望。"② 提出少年中国的创造应在世界中进行，"乃是要把中国这个地域，当作世界的一部分，由我们住居这个地域的少年朋友们下手改造，以尽我们对于世界改造一部分的责任"③。将中国首先作为世界的中国来思考问题，并非李大钊的个人观点，是少年中国学会会员的共识。王光祈说："'少年中国'的意义，不是国家主义的，而是一种世界主义的。"④ 恽代

---

① 《东方病人》，《国民报》，1901 年第 1 卷第 3 期，第 16 页。
② 中国李大钊研究会：《李大钊全集》（第二卷），人民出版社，2013 年，第 372 页。
③ 中国李大钊研究会：《李大钊全集》（第三卷），人民出版社，2013 年，第 69 页。
④ 王光祈：《我们的工作》，《少年中国》，1923 年第 4 卷第 1 期，第 3 页。

英也说："中国只有能适应于这个世界，才真算是返老还童。所以我们的目的，应该是以适应于少年世界为目标，求少年中国的实现。"① 认为少年中国必须是能适应于少年世界的少年中国。1921 年 1 月毛泽东说道："中国问题本来是世界的问题，然从事中国改造不着眼及于世界改造，则所改造必为狭义，必妨碍世界。"② 清楚指出中国的改造不能脱离世界的潮流。20 世纪早期，世界发生了巨大变化，世界上第一个社会主义国家诞生，为被压迫民族走向光明开创了道路，树立了榜样，此时的中国正承受着列强的多重压迫，如何扭转乾坤摆脱困境是有识之士共同思考的问题，相比探索中的苦闷艰辛来说，方向的不确定更令人心急火燎，如果这个问题弄不清楚，或是不能完全弄清楚，中国的未来就是模糊的。少年中国学会成员并非都就读于当时的著名学府，具有无比丰富的文化知识，也并非都经常出国，亲身感受世界各国的异域文明，但是他们有着共同宽广的世界视野，看到了时代、世界的巨大变化，清楚认识到中国与世界不可分离的辩证关系。虽然少年中国学会在其存在的时期内并没有完全理清中国未来的方向问题，但是提出了值得肯定的思路，即从世界潮流中探寻中国的未来。少年中国学会的一个基本主张是，中国应该怎么办不能仅考虑中国想要怎么办，还必须考虑世界的形势与要求，中国未来的道路和方向应是"国情"与"世情"相结合的选择。

二、马克思主义中国化主体应树立世界历史视野

马克思主义进入中国是鸦片战争后中国与世界其他国家文化互动的表现，马克思主义被中国人认识和选择是近代知识分子开眼看世界的结果，马克思主义中国化的提出是党在 20 世纪 30 年代面向世界进行思考做出的抉择。

中国的正确坐标只有在世界地图中才能画得准确，看不到世界就认不清中国。鸦片战争的教训之一就是当时的清政府不能正确判断世界与大清的关系，一味做着天朝上国的美梦，对新式兵器一无所知还嘲笑洋人的不知礼节，最终成了任人宰割的案上鱼肉。马克思主义中国化自提出起就强调理论与中国实际的结合，这个显性的表达顺利地树立了马克思主义中国化的中国向度，但是这个显性表达背后还有一个隐性内涵：中国是世界的中国，中国实际内在地包含着中国与世界的关系。

---

① 恽代英：《恽代英文集》（上卷），人民出版社，1984 年，第 165 页。
② 中共中央文献研究室：《毛泽东文集》（第一卷），人民出版社，1993 年，第 1 页。

客观物质世界的基本存在状态是联系和发展，现今世界的普遍联系突出体现为不可逆转的全球化。全球化背景下，世界历史视野对于今天的马克思主义中国化主体备加重要。全球化时代下，马克思主义中国化主体必须具有全球视域和世界眼光。首先，只有在世界视野中，才能厘清中国与世界的关系，才能厘清中国与他国的关系，才能正确评价中国的发展，才能树立中国自信；其次，只有在世界视野中，才能看清外界对中国的影响，才能评估中国遇到的风险与威胁，才能做好积极应对；再次，只有在世界视野中才能一面聚焦中国自身的发展，一面探索中国发展的世界意义；最后，只有在世界视野中，才能使马克思主义在中国的发展与在他国的发展沟通起来，更好地总结马克思主义在不同国家的影响的经验，才能消除国外一些人对马克思主义中国化的无端误解。总之，马克思主义中国化主体只有具有世界视野才能更好把握时代脉搏，站在世界发展的高度，看到历史发展的全局，科学判断和认识中国与世界，坚定共产主义的人类发展方向。

第三节　正确对待思想分歧

少年中国学会是五四时期人数最多、存在时间最长的社团，但少年中国学会曾发生关于"主义"问题的激烈争执，社团应不应该确定主义、应该确定什么主义、少年中国应该选择什么主义等均在讨论或争论的范围中。学界对于少年中国学会的"主义之争"关注较多，实际上少年中国学会不仅有"主义之争"，也包括"如何解决主义之争"的讨论。其中的种种主张与观点，对于当今思想多元的社会，如何解决分歧、巩固共同的思想基础具有一定的启示价值。

一、少年中国学会内部关于解决思想分歧的不同主张

思想分歧从少年中国学会成立时就存在，在各种问题的讨论中逐渐明显，针对分歧，少年中国学会成员提出不同的解决分歧的主张。

第一种，搁置争议，自由发展。少年中国学会关于主义的争论学会成立不久就出现了，在几次年会上均有体现，会员也感受到争议可能会带来社团的分裂，因此，有的会员主张尽可能地避免争论。比如巴黎会员在与国内会员通信时提出，学会确实应该确定主义，至于社团成员意见众多，主义难以决定，则

"分子之间，应皆有互让牺牲之精神，勉为联众共志之行动。自己不能改造，当何以改造社会"①，即主张用改造自己以服从组织的"牺牲精神"来避免争执以维持社团。还有的会员主张保留分歧，各行其是。比如余家菊提出："于学会内外，各以各之所信去组织各的会社，而大行'兼差'主义。于会员之外，各以各之所喜去结合自己心目中的至人，而大行'多爱'主义。至若吾会呢，只是一个有限公司！"② 主张保留各自的观点，各自自由活动，社团不需加以干涉。

第二种，强调共同的思想基础以弱化分歧。少年中国学会是为创立"少年中国"而结成的社团，当社团中出现思想分歧时，有的会员提出回到创立"少年中国"这个最初的基本主张上来，将之作为会员消除思想分歧的落脚点。郑伯奇在面对社团中的各种主张时说："因为抱各种主张的人，都有一种深的觉悟，都有一种共同的信仰，就是创造少年中国的信仰。再则这各种并非绝不相容，因为从事之先，都有相互的了解，从事之后，又都有相互的监督，所以活动有范围，且可以寻出联络的。"③ 认为各种主张并非完全不相容，因为成员都有创造少年中国的共同思想。沈泽民说："这八十人以何因缘而结成一体？可知他有共同的地方。这共同点除了章程上的信条而外，还有一个最重要之点，这一点是学会的名字所暗示的，就是大家都隐隐约约地想要来地球上中国境内尽一部分的力，把老年的中国改造成'少年中国'。"④ 他们都主张跳出社团"主义"之争的具体问题，上升到创造少年中国这个共同的理想上，以此为纽带消解分歧。

第三种，作有价值的破裂。主义问题在少年中国学会内部引起激烈的思想碰撞，互不退让形成对峙，在这样的情况下，有的会员主张解散思想已经产生纷争的学会，主义相同的人另结成坚固同盟。邓中夏提出："至于规定主义怕引起学会分裂，我想苟于创进少年中国有益，即破裂亦何妨。"⑤ 认为只要有利于少年中国的创造，社团的破裂是值得的，虽然"可以归为一致的地方而不

---

①　巴黎本会同人：《会员通讯》，《少年中国》，1920年第1卷第7期，第61页。

②　张允侯、殷叙彝、洪清祥、王云开：《五四时期的社团》（一），生活·读书·新知三联书店，1979年，第385页。

③　张允侯、殷叙彝、洪清祥、王云开：《五四时期的社团》（一），生活·读书·新知三联书店，1979年，第377页。

④　张允侯、殷叙彝、洪清祥、王云开：《五四时期的社团》（一），生活·读书·新知三联书店，1979年，第388页。

⑤　张允侯、殷叙彝、洪清祥、王云开：《五四时期的社团》（一），生活·读书·新知三联书店，1979年，第356页。

能归为一致，这是可惜的事"①。张梦九在当时虽然不能确定少年中国学会应该选择何种主义，但是认为若社团成员对各自的主义有深刻认识和坚持，则"为主义之争而破裂，诚然是有价值的破裂"②。毛泽东在《答少年中国学会改组委员会问》时也说："会员所抱主义显然有相互冲突之点，且许多会员精神不属于学会，少年中国学会在此时实无存在之必要，主张宣布解散。"③

二、坚持国家利益为重以解决社团内部思想分歧

在少年中国学会的讨论中，对于如何解决内部思想分歧，第一种方法实际上采取的是回避问题的做法，这样的做法只是暂时逃避问题，并没有解决问题，表面上延缓了问题的爆发，但产生了以后矛盾将集中爆发的风险。这样的做法将导致社团徒有其表，并不可取。第二种方法有可取之处，在不同之中寻找共同之处，但前提是这个"共同点"没有争议且具有强大凝聚力。在少年中国学会中，"少年中国"的确是会员共同的思想，但这一思想延伸出的"如何创造少年中国"又产生了许多分歧，从而导致其凝聚人心的作用实际上受到了影响。相比第二种观点，第三种观点更进一步，他们并未放弃创造少年中国这个最初的理想，而且在国家利益与社团利益中进行权衡及比较，毅然选择代表整体利益的国家利益，而不是代表局部利益的社团利益，从而提出"作有价值的破裂"，用周太玄的话来说，这是"以分裂促更新"④。

实际上1925年南京年会之前，少年中国学会的分裂就已经出现，主义一致的会员已经另结组织。1925年的年会之后，少年中国学会就开始处于解散状态，不同思想主张的会员最终分道扬镳。少年中国学会成立之初，宗旨与信条是明确的："何为学会宗旨？即'本科学的精神，为社会的活动，以创造少年中国'是也。本会发起时，宗旨原文为'研究真实学术，发展社会事业'，后开成立大会时，始改今文。"⑤"何谓学会信条，即'奋斗实践坚忍俭朴'是也。"⑥但最终因"主义"的不同走向分裂。这也说明，对于一个组织而言，

---

① 张允侯、殷叙彝、洪清祥、王云开：《五四时期的社团》（一），生活·读书·新知三联书店，1979年，第394页。

② 张梦九：《主义问题与活动问题》，《少年中国》，1922年第3卷第8期，第58页。

③ 中共中央文献研究室：《毛泽东文集》（第一卷），人民出版社，1993年，第19页。

④ 周太玄，《学会的四种特性》，《少年中国》，1922年第3卷第8期，第25页。

⑤ 王光祈，《政治活动与社会活动》，《少年中国》，1922年第3卷第8期，第2页。

⑥ 王光祈，《政治活动与社会活动》，《少年中国》，1922年第3卷第8期，第3页。

与其存在具有本质关联的是"主义"问题，即信仰问题。主义相同的才可结为一个坚固的组织，才能以共同的主义为指导展开一致行动。但有共同的"主义"还不够，所选的"主义"还必须是"科学的"，只有科学的"主义"才能带领组织找到历史发展的正确道路，这也就是为什么少年中国学会中虽然出现了选择马克思主义和其他主义的不同方向的人，但只有选择马克思主义的人才最终带领国家走向光明，为少年中国的实现找到正确的路径。

第四节　加强马克思主义经典作家个人形象的塑造和宣传

　　19世纪末20世纪早期，不同主体基于自身的政治立场、价值判断、思想倾向关注马克思主义，看到了不同的马克思主义经典作家形象，这些形象折射出近代中国特有的文化氛围、思想风貌以及人们对马克思主义的基本态度。时人眼中经典作家个人形象的不断丰富及其正面性，也透视出人们对马克思主义从疏离到靠近的思想走向，其中马克思不惜背叛原生阶级，为无产阶级和全人类的解放呕心沥血的奋斗精神成为推动国人趋向马克思主义的动力。少年中国学会存续期间虽然未选择马克思主义作为社团的信仰，但对马克思主义一直保持较高关注度，并有一部分会员从"马克思主义的接受者"（接受到马克思主义相关信息的人）成功发展成为"马克思主义者"，这与社团所塑造的马克思、恩格斯、列宁的正面形象不无关系。今天，巩固马克思主义在我国意识形态领域中的指导地位，就要缩短从"马克思主义接受者"到"马克思主义者"的距离。缩短这个距离，需要开辟许多道路，包括加强经典作家个人形象的塑造和宣传，以其无私的真实人生作为桥梁，引导人们走近并走进马克思主义。

一、经典作家的正面形象有利于理论形象的树立

　　理论家的个人形象与理论的形象辩证统一，理论家的个人形象影响理论形象的树立。理论家与理论的形象并非同一，二者既相联系又相区别。理论家是理论的创造者，与理论的关系不可割裂，"输入学说时应该注意论主的生平事实和他所受的学术影响……例如马克思主义的论主就是马克思。学说是时代的产儿，但是学说又还代表某人的心思见解"①。只见理论不见理论家或只见理

---

①　《论输入学理的方法》，《每周评论》，1919年第37期，1919年8月31日，第1版。

论家不见理论都具有严重的片面性，不利于受众了解理论。理论家与理论的形象相互影响、相互呼应，正因如此，马克思主义经典作家在中国早期的正面形象对人们接受和选择马克思主义可起到积极的促进作用。

理论家与理论虽有密切的关联也不能混为一谈，理论家与理论有各自的独立性。理论家是现实的具体的人，有优点也有缺点；而理论可以是经得住实践检验的放之四海而皆准的真理体系，并且理论往往并非单个理论家的产物，而是集体智慧的结晶，理论形成后本身也具有独立的价值，这一价值也并不完全由理论家决定，不同时代的读者在接受理论过程中也将赋予理论一定的时代价值。促进理论的接受与认同，要注意理论家与理论的对立统一关系。一方面保持理论家与理论的有机联系，用理论家的正面形象推动理论正面形象的塑造，进而推动人们靠近理论；另一方面将二者一定程度地分离，对理论家和理论各自展开独立的形象塑造，避免理论家作为个人的某些负面形象影响理论形象的塑造。只有保持理论家与理论的辩证统一，才有利于人们对理论家和理论都形成客观的、正确的认识和判断。

经典作家的正面形象可作为靠近或选择理论的入口，不能轻视也不能过分夸大其作用。马克思主义本身思想深邃，人们在接受这一理论早期，多感其深奥难懂，曾感叹"马克思的著书是以艰深难读著名的"①。当时国人知识文化水平总体不高，马克思的生平与身份等信息因其具体性、通俗性更能引起人们的关注，从而起到桥梁的作用，推动着人们对马克思主义的靠拢与认识。马克思的形象进入中国的早期，对国人有其人格精神的示范和激励作用。国人一方面通过对马克思生平与身份的不断认识，逐渐发掘完整的马克思个人形象；另一方面又自觉或不自觉地以马克思的形象为榜样塑造自己的形象，提出应从马克思奋斗的一生中当知自奋。可以说，国人与马克思进行的是一场双向对话，在对话中互相塑造，并且在这一过程中马克思的精神与智慧逐渐融入人们的思想血液中。但同时，也应该注意，理论家与理论虽不可分离但并不能完全等同，人们对二者的态度会产生连锁反应但也并非绝对。在马克思主义的早期接受者中，有的人虽对马克思个人有肯定，但对马克思主义仍持观望或质疑，这就表明，对理论家的肯定并非百分百会演变到对理论的肯定。在推进马克思主义在当代的接受与认同中，理论家正面形象对靠近或认同理论的作用不容小觑，因为理论家与理论的关系在任何时候都不容分割，从认识理论家生平事迹到认识其创造的理论也符合人们由易到难的认知习惯，但理论家个人形

---

① 化鲁：《马克思主义的最近辩论》，《东方杂志》，1921 年第 18 卷第 6 期，第 71 页。

象对理论的认同或选择的作用是有限的，不能过分夸大，真正能打动人心使人皈依的还是理论内容本身。

二、经典作家个人形象的塑造应完整

经典作家个人形象的完整塑造将呈现理论家的真实性。考察马克思在国人眼中的早期形象时，我们发现，马克思个人形象既有由其生平构成的普通人的一面，也有由其身份构成的革命领袖的一面，二者相互联结，互为一体。若论区别，前者是平常的、现实的、具有有限生命和丰富情感的马克思，后者是偶像的、神圣的、崇高的马克思，生命力因其理论的价值而得到延伸。正是两者的结合形成了一个真实的马克思，这种真实性意味着可以较容易地转化为可靠近性和可模仿性，所以时人将马克思的事迹作为"社会的良心之兴奋剂"①。

经典作家个人形象的完整塑造有利于人们从不同角度靠近马克思主义。比如 20 世纪早期有人会因肯定马克思的研究态度而对马克思主义持续关注。费觉天在《评杜威底社会哲学与政治哲学》中写道："我想近代真能取科学态度，研究社会现象的，无过马克思之于经济。……近代研究社会科学的，其能尽量运用科学的方法，有过马克思其人吗?"② 费觉天撰写过多篇有关马克思主义的文章，他当时对马克思主义还持有疑义，但却充分肯定马克思研究的态度和方法，这或许是他能持续关注马克思主义的原因之一。顾兆熊在《马克思学说》中对马克思主义也有质疑，但同样对马克思的研究态度十分欣赏，认为马克思是"一个周详审慎的学者，所以他每研究一个题目，必把一切相关的科学，都涉猎一过。他能读一切罗马系的文，一切日耳曼系的文。此外并习古斯拉夫语、俄罗斯语、斯尔维亚语，以研究那些地方的社会情形"③。在当时，并非所有知识分子在接触到马克思主义之后都立刻走向认可和信仰，有所质疑在所难免，但质疑者仍然充分肯定马克思治学的严谨态度，这种相反相成的观点首先说明，作为研究者的马克思无疑是深受肯定的，这对人们长期保有对其理论的关注兴趣而非浅尝辄止无疑具有积极作用，而长期关注是最终走向马克思主义的基本条件。

经典作家正面形象的塑造应反映其完整一生和整个社会关系网络。19 世

---

① TTS:《马克斯逸话一节》,《星期评论》, 1920 年第 31 期, 第 4 页。
② 费觉天:《评杜威底社会哲学与政治哲学》,《评论之评论》, 1921 年第 1 卷第 2 期, 第 6 页。
③ 顾兆熊:《马克思学说》,《新青年》, 1919 年第 6 卷第 5 期, 第 451 页。

纪末 20 世纪早期，时人对马克思早年经历描述较多，包括其出生、求学、办《莱茵报》和《德法年鉴》以及屡被驱逐的过程，而对其 19 世纪 60 年代以后的经历则叙述有限，反映出人们对马克思关于现行制度和社会的批判关注度较高，这是内忧外患之下民众对政府的不满情绪以及革命倾向正不断累积的反映，但马克思后半生的经历与其思想及其传世著作同样有密不可分的关系，时人对其生平经历的有限掌握将或多或少影响人们对马克思主义的认识和判断。并且 19 世纪末 20 世纪早期，时人对马克思与其他理论家关系的阐述和认识也并不透彻——最初人们对恩格斯的认识多停留于将其视为马克思的朋友，1919 年之后才逐渐将二人并称为思想家、理论家，反映出人们对恩格斯在马克思主义理论体系建构中的贡献和作用的认识正不断深入，而对马克思与拉萨尔、李卜克内西、考茨基、倍倍尔的关系的论述更是少之又少，这些都不利于推进人们对马克思主义的理解与掌握。因此从促进理论更好地被接受的角度而言，理论家个人形象的塑造应客观、立体、准确、完整，应反映理论家的一生和整个社会关系网络。也只有塑造完整的、真实的理论家形象，才不会将理论家神化，从而避免对理论的教条式接受。

　　理论的意义和价值，不只在理论本身的客观内容，更在于接受者对它的接受情况。相比推动马克思主义进入大众的视野来说，让大众始终保持对马克思主义的关注更为重要也更为困难，这是从"马克思主义接受者"发展为"马克思主义者"的基础。马克思主义是庞大的理论体系，内容精深复杂，专业人士或许能始终对此保持兴趣。但推动马克思主义的中国化，不能跳过马克思主义的大众化。塑造马克思主义经典作家的个人形象，有利于普通大众从一个容易理解的角度认识马克思主义，从而靠近马克思主义。

结　语

　　2021年喜逢中国共产党一百周年诞辰，我们党百年的奋斗历程，就是为实现中华民族伟大复兴而奋斗的百年。"中国梦"概念的提出虽然是在党的十八大以后，但是对于"中国梦"的追寻已不止百年，"中国梦"寄托着世代中华儿女的共同心愿和共同期待。一百多年以前，一群少年怀揣"少年中国"的梦想共同探索，尝试为中国谋划一个美好的未来，他们关心中国如何赶上世界潮流，关注青年如何摆脱旧势力的压迫，争论中国应选择什么样的主义……时至今日，中国人民追求中华民族伟大复兴的梦想从未改变。在马克思主义中国化的历史进程中，五四社团所发挥的作用还有待一一厘清。少年中国学会是五四社团中存在时间最长、规模最大的社团，其影响力首先来自创造"少年中国"的巨大号召。从一百多年前的"少年中国梦"到今天的"中国梦"，贯穿其中的是中国人民对于国家命运和民族前途的责任与担当。今天再现少年中国学会当时的探索，对于我们继续推进"中国梦"的实现大有裨益。

一、实现中华民族伟大复兴的中国梦要发挥文化符号在意识形态建设中的重要作用

　　当资本主义国家凭借军事、经济的优势，用"东亚病夫""老大帝国"形容近代中国时，中国人响亮地喊出"少年中国"，少年中国学会以此为志，这不仅是对于外界嘲讽的坚决回击，更饱含对祖国未来的期许，从意识形态建设的视角来看，这一呼喊具有抢夺思想文化阵地的重要价值。

　　"少年中国"将中国比喻为充满勃勃生机的少年，表达重振中华的信念与愿望。"少年中国"作为文化符号，意在描述国家和民族的未来，反映了中国人民在遭受帝国主义列强压迫和中国暂时衰弱的双重反思之下的民族情结。"少年中国"的提法虽不是少年中国学会首创，但在少年中国学会这里得到彰显和延伸。创造"少年中国"是少年中国学会诞生的主要缘由，一群忧国忧民的青年，以之为内心的向往和奋斗的目标聚拢而来，他们创办同名刊物，提出

创造少年中国的种种设想。

20 世纪早期，在意识形态领域的斗争中，"少年中国"的出现具有特别意义。其一，"少年中国"将国家看作一个具有生命气象的存在，从生命体不断发展的角度看待中国当时的贫弱，通过一个全新的中国形象，使仁人志士改造社会的呼声有了落脚点。其二，"少年中国"不仅是对"东亚病夫"的否定，而且寄托着对改变中国现状的渴望和对民族复兴的理解。第一次鸦片战争之后，传入中国的西洋文明在拓宽中国人视野的同时，也冲击着中国人原有的文化观念以及文化自信，部分中国人深感处处不如人，效法西洋之声不绝于耳，若长此以往，带有资本主义意识形态特征的文化观念将长驱直入，在中国人心理上取得主导地位。反驳与回击带有资本主义意识形态特征的话语和观点，重树民众对国家和民族的信心与信念，这在苦难深重的近代中国，与中国人民精神上的独立与自强直接相关。"少年中国"被中国人认同和选择，不仅反映了广大民众作为中国人的责任感与使命感，也体现了其作为文化符号具有的强大感召力。

党的十八大明确提出发展中国特色社会主义"必须准备进行具有许多新的历史特点的伟大斗争"①。党的十九大将伟大斗争置于"四个伟大"之首，强调了"四个伟大"相互结合、彼此促进的统一性，赋予了摆在首位的伟大斗争更加重要的意义。当今时代，伟大斗争必然包括意识形态领域的斗争。"少年中国"在近代中国的强大感召力启示我们，在实现中华民族伟大复兴的"中国梦"的进程中，在进行意识形态领域的斗争中，应注重文化符号的作用。进行中国特色社会主义建设不能将国外的思想理论照搬或平移过来，在用国外理论观察和分析中国问题时应有中国立场；进行中国特色社会主义建设也不能简单套用或机械移植经典马克思主义，经典理论与中国场域之间不仅存在时间的跨度，还有空间的距离。新时代中国特色社会主义建设需要充分吸收经典马克思主义的理论精髓，积极借鉴国外先进理论的有益成果，更应当遵循中国人民在具体实践中淬炼而成的中国化马克思主义的指引。从世界范围来看，存在各种与中国化马克思主义相异的其他思想理论，但并不是说它们都是意识形态斗争的对象。是否被纳入斗争的客体系统，有两个前提：一是已进入主体视野，并非再是单纯的"他者"或"自在之物"；二是对中国特色社会主义有着负面作用，并非积极的、正向的作用。在现实生活中，资产阶级自由化的各种社会思

---

① 胡锦涛：《坚定不移沿着中国特色社会主义道路前进 为全面建成小康社会而奋斗——在中国共产党第十八次全国代表大会上的报告》，《求是》，2012 年第 22 期，第 8 页。

潮，教条、片面、主观、僵化地解读马克思主义而形成的各种思想观点，封建迷信的思想理论，以及其他不利于建设中国特色社会主义的各种论调，都会影响国人建设中国特色社会主义的自信心和理想信念，这些思潮或论调在不同的环境中还会以各种各样的不同面目出现，需要我们与之进行坚决斗争。为此，提出并充分运用具有中国特色的文化符号凝心聚力，在对意识形态建设乃至意识形态领域的斗争中具有重要的价值和意义。

二、实现中华民族伟大复兴的中国梦需要团结一切可以团结的力量

少年中国学会强调"联合"，主张将分散的力量整合起来，在今天十四亿多中国人共同追逐中国梦的进程中，我们也应该吸取其精华。

第一，坚持中国共产党的领导以深化实现伟大梦想的凝聚中心。中国梦的实现不可能自然而然、唾手可得，一定是全国各族人民经过艰苦卓绝的主观性努力实现的。各类主体合力的形成要有向内聚合的中心点。中国共产党在宣告自身成立的时刻也同时宣告自己没有任何特殊利益，关心的唯有国家与人民的利益。中国共产党既能深刻把握世情和国情复杂变化趋势与基本规律，又能积极统筹和协调各类社会群体错综复杂的关系走向和利益格局，始终承担着维护和发展民族与国家整体利益的坚强角色，带领全国各族人民取得了举世瞩目的成绩。当前我国发展的成就辉煌但也还有问题需解决，中国共产党完全有能力一面加强自身建设，一面团结带领全国人民续写中国特色社会主义发展的新篇章。坚持中国共产党的领导核心地位，以此作为凝聚实现中国梦力量的中心点，符合全国人民的根本利益和历史发展要求。

第二，坚持马克思主义的科学指导以夯实实现伟大梦想的共同思想基础。中国梦的实现不仅是理论问题更是实践问题，只有真理性和实践性兼具的科学理论才能作为人民群众实现中国梦的共同思想基础。马克思主义是具有科学的逻辑层次、完整的系统架构、严密的话语体系，从实践中产生、在实践中发展，又被实践证明的科学真理，具有指导实践的重要价值。科学性与实践性的双重特质使马克思主义在进入中国之后逐渐成为观察社会、解决问题的根本指南。坚持马克思主义的科学指导符合中国人民实现中国梦的理论取向和实践需求。

第三，坚持共同斗争、共享成果的命运共同体意识以合力实现伟大梦想。中华民族伟大复兴的实现不能仅仅依靠单一主体的力量。仅仅依靠单一主体的

力量与充分依靠各类主体的合力,反映出两种不同的观念,也必将带来两种截然不同的结果。前者本质上是对其他主体的不信任,究其根源是对于各类主体在实现伟大梦想过程中的历史地位和作用认识不清,在这种观念支配之下,各类主体力量分散,主体间难以相互支持、帮助或监督,遇到挫折时往往力量不足容易退缩。相反,充分依靠各类主体的合力来推进伟大梦想的实现,充分肯定每一类主体在伟大梦想实现中的重要意义和独特作用,有利于激发各类主体的参与感和责任感,易于形成万众一心共同奋斗的强大合力,这种源自各类主体间相互信任相互合作的合力将无坚不摧。实现中华民族伟大复兴的中国梦,所有主体必须树立起共同斗争、共同享有斗争胜利成果的命运共同体意识,自觉成为伟大梦想实现系统中的有机分子,各自为伟大梦想的实现贡献力量和智慧。也唯有如此,各类主体才能在伟大梦想的实现过程中始终坚持正确方向并迸发出强大的智慧与力量。

主要参考文献

一、经典文献

陈独秀，2013. 陈独秀文集：第1卷 [M]. 北京：人民出版社.

陈独秀，2013. 陈独秀文集：第2卷 [M]. 北京：人民出版社.

恽代英，1984. 恽代英文集：上卷 [M]. 北京：人民出版社.

恽代英，1984. 恽代英文集：下卷 [M]. 北京：人民出版社.

中共中央马克思恩格斯列宁斯大林编译局，2015. 马克思恩格斯论中国 [M]. 北京：人民出版社.

中共中央马克思恩格斯列宁斯大林著作编译局，2012. 马克思恩格斯选集：第1卷 [M]. 北京：人民出版社.

中共中央马克思恩格斯列宁斯大林著作编译局，2012. 马克思恩格斯选集：第2卷 [M]. 北京：人民出版社.

中共中央马克思恩格斯列宁斯大林著作编译局，2012. 马克思恩格斯选集：第3卷 [M]. 北京：人民出版社.

中共中央马克思恩格斯列宁斯大林著作编译局，2012. 马克思恩格斯选集：第4卷 [M]. 北京：人民出版社.

中共中央文献研究室，1993. 毛泽东文集：第1卷 [M]. 北京：人民出版社.

中共中央文献研究室，1993. 毛泽东文集：第3卷 [M]. 北京：人民出版社.

中共中央文献研究室，中共湖南省委《毛泽东早期文稿》编辑组，2008. 毛泽东早期文稿（一九一二年六月—一九二〇年十一月），长沙：湖南人民出版社.

中国李大钊研究会，2013. 李大钊全集：第1卷 [M]. 北京：人民出版社.

中国李大钊研究会，2013. 李大钊全集：第2卷 [M]. 北京：人民出版社.

中国李大钊研究会，2013. 李大钊全集：第3卷 [M]. 北京：人民出版社.

中国李大钊研究会，2013. 李大钊全集：第4卷 [M]. 北京：人民出版社.

中国李大钊研究会，2013. 李大钊全集：第 5 卷 [M]. 北京：人民出版社.

二、其他著作

顾海良，2015. 马克思主义中国化史：第 1 卷 [M]. 北京：中国人民大学出版社.

金冲及，2009. 二十世纪中国史纲：第 1 卷 [M]. 北京：社会科学文献出版社.

李军林，2013. 马克思主义在中国的早期传播及其话语体系的初步建构 [M]. 北京：学习出版社.

林代昭，潘国华，1983. 马克思主义在中国——从影响的传入到传播：上册 [M]. 北京：清华大学出版社.

林代昭，潘国华，1983. 马克思主义在中国——从影响的传入到传播：下册 [M]. 北京：清华大学出版社.

欧阳康，2017. 马克思主义认识论研究 [M]. 北京：北京师范大学出版社.

石仲泉，2011. 中国共产党与马克思主义中国化 [M]. 北京：中国人民大学出版社.

宋镜明，吴向伟，等，2012. 党的重要历史人物与早期马克思主义中国化 [M]. 北京：中国社会科学出版社.

田子渝，蔡丽，徐方平，等，2012. 马克思主义在中国初期传播史（1918—1922）[M]. 北京：学习出版社.

王刚，2011. 马克思主义中国化的起源语境研究——20 世纪 30 年代前马克思主义在中国的传播及中国化 [M]. 北京：人民出版社.

吴刚，1996. 接受认识论引论 [M]. 北京：北京大学出版社.

张国宏，2010. 马克思主义中国化十论 [M]. 杭州：浙江大学出版社.

张允侯，殷叙彝，洪清祥，等，1979. 五四时期的社团：第 1 册 [M]. 北京：生活·读书·新知三联书店.

张允熠，2015. 中国文化与马克思主义 [M]. 北京：人民出版社.

赵继伟，2009. 马克思主义意识形态接受论 [M]. 武汉：武汉大学出版社.

三、期刊论文

曹凡，2019. 五四时期社团活动对马克思主义在中国传播的影响［J］. 红色文化学刊（2）：25−30+109.

陈文联，涂序国，2019. 结群索权：五四时期女子社团探析［J］. 南昌航空大学学报（社会科学版）（2）：13−19.

陈先初，2014. 五四时期王光祈社会改造思想之考察［J］. 湖南师范大学社会科学学报（2）：128−137.

陈宇翔，薛光远，2014. 中国早期共产主义者接受马克思主义的思想过程述论［J］. 湖南师范大学社会科学学报（5）：95−101.

陈占安，2021. 建党百年马克思主义中国化的回顾与历史经验［J］. 思想理论教育（5）：11−17.

高亚非，2013. 论王光祈的工读互助主义思想与马克思主义在中国的传播［J］. 中华文化论坛（1）：33−38.

葛振国，邢云文，2011. "五四"前后学生社团传播马克思主义的经验与启示［J］. 理论探索（3）：30−32.

顾烨青，2011. 刘国钧先生与少年中国学会——一个知识青年学术报国的心路历程［J］. 大学图书馆学报（2）：114−120.

简奕，2021. 陈愚生：最早在重庆传播马克思主义的先驱者之一［J］. 红岩春秋（1）：14−19.

金民卿，2021. 马克思主义中国化思想发展的百年历程［J］. 思想理论教育导刊（3）：34−43.

李永春，2006. "问题与主义"之争和少年中国学会［J］. 安徽史学（2）：87−96.

刘爱国，2011. 刘仁静离开少年中国学会的必然性探析［J］. 上海党史与党建（4）：15−17.

刘吕红，张曼，2021. 《资本论》在中国早期接受研究（1899—1921）［J］. 思想教育研究（3）：24−30.

吕峰，2012. 马克思主义大众化视角下的五四学生社团［J］，河北青年管理干部学院学报（6）：7−10.

吕延勤，2019. 马克思主义中国化：早期进程与理论成果［J］. 观察与思考（5）：27−35.

倪邦文，张治银，2021. 选择与分化：五四时期社团兴衰及当代启示 [J].
中国青年社会科学（3）：1—7.

曲广华，郭佳男，2020. 五四社团与改造社会路径研究 [J]. 中山大学学报
（2）：72—78.

任国平，黄爱军，2021. 五四进步社团与中国共产党早期组织的形成 [J].
河南理工大学学报（社会科学版）（5）：89—94.

覃慧芳，陈媛，2011. 五四时期民间文化社团推动马克思主义大众化的探索
[J]. 广西大学学报（哲学社会科学版）（1）：93—97.

王传利，2006. 青年马克思主义者的摇篮——五四时期学生马克思主义社团成
员成长论析 [J]. 马克思主义研究（5）：101—109.

王刚，2021. 马克思主义中国化研究中的“区分割裂论”驳议 [J]. 江西师范
大学学报（哲学社会科学版）（1）：34—40.

王康，2021. 梁启超流亡日本与“少年中国”意象的生成 [J]. 史学月刊
（7）：70—77.

吴朝邦，2021. 百年来中国共产党对五四进步精神的归结 [J]. 学校党建与
思想教育（13）：30—33.

吴汉全，2019. 五四时期社会改造话语与主义的崛起——纪念五四运动一百周
年 [J]. 党史研究与教学（5）：4—17.

吴小龙，2005. 五四运动与少年中国学会 [J]. 中国青年研究（5）：29—32.

鲜于浩，2011. 王光祈与工读互助主义的滥觞及失败 [J]. 西南交通大学学报
（社会科学版）（2）：75—81.

许高勇，2021. 从《新青年》到“新青年”：五四知识青年的《新青年》阅读
与思想变革 [J]. 湘潭大学学报（哲学社会科学版）（4）：139—145.

许纪霖，2020. 从疑到信：五四两代知识分子的精神世界 [J]. 天津社会科学
（5）：129—141.

尹占文，2014. 中国人为什么接受马克思主义：发生学的再思考 [J]. 当代
世界与社会主义（3）：160—168.

张宝明，2021. 从学术到政治：“五四”新青年派走向社会主义的精神路径
[J]. 探索与争鸣（6）：9—22+229.

张少鹏，2012. 少年中国学会的宗旨演变 [J]. 社会科学论坛（7）：188—205.

张卫波，2020. 少年中国学会与马克思主义早期传播 [J]，广东党史与文献研
究（6）：21—28.

张振国，张雪治，2021. 青年文化与青年运动之间的双向互动——以新文化与

五四运动为例〔J〕. 山东青年政治学院学报（4）：49－53.

周鹏飞，2010. 田汉加入少年中国学会考〔J〕. 当代教育理论与实践（1）：168－170.

周淑真，孙润南，2019. 近代知识分子思想的"过渡性"——以王光祈政治社会思想为例〔J〕. 中国人民大学学报（5）：104－113.

周月峰，2017. "列宁时刻"：苏俄第一次对华宣言的传入与五四后思想界的转变〔J〕. 清华大学学报（哲学社会科学版）（5）：113－128＋198.

后　记

　　《少年中国学会研究——基于马克思主义中国化的历史审视》一书酝酿于五四运动 100 周年之际。1919 年的五四运动震惊中外，青年知识分子首先振臂高呼，他们的爱国情怀、革命精神、奋斗身影时时感动和激励着我。因为喜欢回顾那段历史，不知不觉对那一时期的青年充满了研究的兴趣，很想走进他们的内心，感受他们的心灵跳动，体会他们对于国家和民族的责任、面对困难的勇气以及展望未来的信心，也希望将这些责任、勇气、信心传播开去，为当代人在实现中华民族伟大复兴之路上披荆斩棘、开拓奋进提供支撑和借鉴。

　　本书书名的选定源于自己长期以来的两个关注点。马克思主义中国化特别是历史进程问题是长期萦绕于心的问题。相比宽领域、长时段、全景式的马克思主义中国化历史进程总体脉络的叙述和评价，我更倾向于关注一些细节问题，因为正是一个一个细节串联成了整个恢宏的历史；相比马克思主义中国化在新民主主义革命胜利以后的历史进程，我更感兴趣的是在新民主主义革命进行之中和之前的历史进程，特别是马克思主义中国化如何起步的相关问题，因为"如何开始"对于整个历史进程具有不可撼动的重要意义，对于以后的推进起着奠基性影响。久而久之在脑海中就积累了很多问题并一直试图去寻找答案，比如 20 世纪早期，马克思主义与其他社会思潮是如何相互影响的？不同社会阶层或团体对马克思主义的反应有何共性与区别？不同报刊在介绍或提及马克思主义时，在表述方式与内容选择上有何不同？具体的历史人物对马克思主义的态度经历了怎样的变化与发展？马克思主义最初进入中国人视野时，最受欢迎的是什么内容？为了解开各种疑问，我在专业理论的学习中不断阅读那一时期的各种报纸杂志以及这一领域的专家学者的书籍和文章，但结果是，一些问题得到解答时许多新的问题又产生了，这种状况还曾一度削弱了我对于学术研究的信心。为了重拾信心，我决定把自己已经形成的想法整理出来，既可理清自己的思绪，也可为其他有相同兴趣的研究者提供一点可能的参考。

　　促成本人撰写这本书的另一个直接原因是对工作上一些问题的思考。作为高校中的思政课教师，直接面向当代青年，他们热情、爱思考、有主见、渴望早点走向社会，但他们中的一些人有时又表现出对未来的迷茫、对学习的漫不经心、对当下的不知所措，他们在思想层面上拥有什么、缺少什么、需要什么，特别是他们对于马克思主义及其中国化的理论成果的态度与反应都是我关心的问题。青年是国家和民族的未来，激励他们、引导他们、培养他们是教师的责任。当马克思主义中国化的早期历史进程问题和青年问题交织在一起后，我逐渐明确了自己现阶段想要解决并有可能解决的大致问题：五四时期的各种青年社团在马克思主义中国化历史进程中具体发挥了什么作用？我从当时影响最大的"少年中国学会"入手梳理资料，理清思绪，最终形成了这本书的写作框架。

本书完成过程中的一个重要问题是资料问题。想要看到 20 世纪早期青年的真实表现，包括他们的表达习惯、真实想法、关注重点，只有回到当时的舆论场，才能贴近和理解他们的所思所想，因此我选择用当时的各种报纸、期刊作为主要的研究材料。资料的收集并没有耗费很大的力气和时间，这主要得感谢四川大学丰富的馆藏资源和较为全面的过刊数据库。在这里也需要做一个说明，因为使用 100 多年前的原始资料作为论证依据，引文中有某些字、词或者标点符号的使用与当今不同，一些字在当时可能只是求了"音同"，一些标点也只是起到断句的作用，这些今天看起来不够准确和规范的表达恰是那个时代的印记。但是为了便于读者能准确地理解原始文献的含义，我对部分文献按现代标点符号规范作了断句。

本书在写作过程中，得到了领导、同事和家人的关心和支持，四川大学出版社的编辑也为此付出了辛勤劳动，在此一并致谢。虽然本书已是我此阶段的倾力之作，但由于本人知识水平和研究能力的局限，不足之处肯定很多，恳请各位专家学者批评指正。

张 曼

2021 年 12 月 24 日